MensSana

Von Erich Bauer sind bei Knaur ebenfalls erschienen:

Alles über das Sternzeichen Widder
Alles über das Sternzeichen Stier
Alles über das Sternzeichen Zwillinge
Alles über das Sternzeichen Krebs
Alles über das Sternzeichen Jungfrau
Alles über das Sternzeichen Waage
Alles über das Sternzeichen Skorpion
Alles über das Sternzeichen Schütze
Alles über das Sternzeichen Steinbock
Alles über das Sternzeichen Wassermann
Alles über das Sternzeichen Fische

Über den Autor:

Erich Bauer, geb. 1942, von der BILD-Zeitung zu Deutschlands »Kultastrologen« erhoben, sagt täglich Millionen Menschen, wie der Mond steht und was er bewirkt. In diesem Buch geht er ins Detail und verrät die günstigsten Zeitpunkte.

Er ist Chefastrologe der weltweit größten Astrologie-Zeitschrift »Astrowoche«, bekannt durch regelmäßige astrologische Beiträge in Zeitschriften, Radio und im Fernsehen und Verfasser zahlreicher Veröffentlichungen über Astrologie und verwandte Themen. Erich Bauer betreibt eine eigene astrologisch-therapeutische Praxis in München und führt astrologische Seminare und Einzelsitzungen durch.

Erich Bauer

Alles über das Sternzeichen

LÖWE

23. 7. – 23. 8.

MensSana

Besuchen Sie uns im Internet: www.knaur.de
Alle Titel aus dem Bereich MensSana finden Sie im Internet unter
www.mens-sana.de

FSC
www.fsc.org
MIX
Papier aus verantwortungsvollen Quellen
FSC® C083411

Überarbeitete Neuausgabe November 2010
Knaur Taschenbuch. Ein Unternehmen der Droemerschen Verlagsanstalt
Th. Knaur Nachf. GmbH & Co. KG, München

Redaktion: Ralf Lay
Abbildungen: Erich Bauer
Umschlaggestaltung: ZERO Werbeagentur, München
Umschlagabbildung: FinePic®, München
Satz: Wilhelm Vornehm, München
Druck und Bindung: CPI – Clausen & Bosse, Leck
Printed in Germany
ISBN 978-3-426-87517-9

2 4 5 3 1

Löwe

23. Juli bis 23. August

DIE FAKTEN

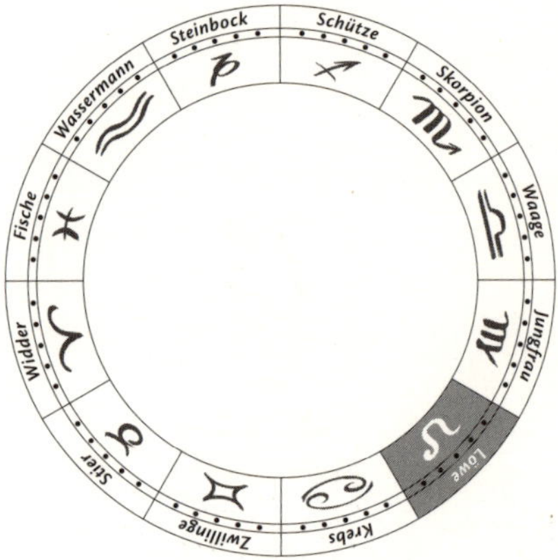

Element *Feuer*
Symbol verströmender Lebensenergie.

Qualität *Fix*
Anspruch auf Führerschaft, Huldigung und Dauer.

Polung *Plus*
Männlich, Yang, aktiv nach außen.

Symbolik Der *Löwe* steht für Herrschaft, Stärke, Erhabenheit, Ruhe und Gelassenheit.

Zeitqualität *23. Juli bis 23. August*
Die Sommerzeit als Ausdruck feuerbetonter Kraft, entspannter Ruhe und behäbigen, spielerischen Seins.

Herrscherplanet *Sonne*
Zentralgestirn, Symbol in sich ruhender Mitte.

Stärken

Selbstbewusst, großzügig, herzlich, natürlich, schöpferisch.

Reiseziele

Stadt Koblenz, Rom, Mumbai
Land Italien, Frankreich, Seychellen
Landschaft Strand, Oase

Magische Helfer

Farbe Goldgelb
Stein Diamant
Baum Palme
Tier Löwe
Duft Zimt

Die Persönlichkeit

9	Durchsetzung
8	Besitzstreben
7	Kontakt
9	Familie
10	Genuss
3	Pflicht
7	Liebe
8	Bindung
7	Ideale
5	Ehrgeiz
8	Originalität
3	Transzendenz

Inhalt

Teil II – Die ganz persönlichen Eigenschaften

Vorwort

Astrologie ist eine wunderbare Sache

Sie verbindet den Menschen mit dem Himmel, richtet seinen Blick nach oben in die Unendlichkeit. Vielleicht steckt hinter dem Interesse an ihr zutiefst die Sehnsucht nach unserem Ursprung, unserem Zuhause, nach Gott oder wie immer man das Geheimnisvolle, Unbekannte nennen will.

Astrologie ist uralt und trotzdem hochaktuell

Die ersten Zeugnisse einer Sternenkunde liegen Tausende von Jahren zurück. Und dennoch ist sie brandneu. Es scheint, als hätte sie nichts von ihrer Faszination verloren. Natürlich hat sich die Art und Weise astrologischer Beschäftigung verändert. Während früher noch der Astrologe persönlich in den Himmel schaute, studiert er heute seinen Computerbildschirm. Damals konnte man nur von einem Kundigen eingeweiht werden, heute finden sich beinah in jeder Zeitung astrologische Prognosen.

Astrologie ist populär

Jeder kennt die zwölf Tierkreiszeichen. Man kann eigentlich einen x-beliebigen Menschen auf der Straße ansprechen und ihn nach seiner Meinung fragen: Er weiß fast immer Bescheid, sowohl über sein eigenes Sternzeichen als auch über die meisten anderen. Die zwölf astrologischen Zeichen sind Archetypen, die im Unterbewusstsein ruhen und auf die man jederzeit zurückgreifen kann.

Astrologie schenkt Sicherheit

Der Einzelne findet sich eingebettet in einer gütigen und wohlwollenden Matrix, ist aufgehoben, hat seinen Platz, so wie auch alle anderen ihren Platz haben.

Astrologie kann gefährlich sein

Die Astrologie liefert ein perfektes System. Konstellationen, die sich auf Bruchteile von Sekunden berechnen lassen, blenden und machen glauben, man habe es mit einer exakten Wissenschaft zu tun. Genau das ist aber falsch. Die Astrologie ist viel eher eine Kunst oder eine Philosophie. Ihre Vorhersagen sind immer nur ungefähr, zeigen eine Möglichkeit, sind aber kein Dogma. Astrologen wie Ratsuchende driften, wenn sie nicht achtgeben, leicht in eine Pseudowelt ab. In ihr ist zwar alles in sich stimmig, allein es fehlt am validen Bezug zur Wirklichkeit.

Ich bin Astrologe aus Passion

Ich lebe in dieser Welt, aber ich weiß auch, dass sie nicht alles offenbart. Ich freue mich, die Gestirne als Freunde zu haben, und glaube, dass ich so mein Schicksal gütig stimme. Das ist eine Hoffnung, kein Wissen.

Ich wünsche Ihnen beim Lesen Spaß und Spannung – und dass Sie sich selbst und andere besser verstehen.

Erich Bauer, im Frühjahr 2010

Einleitung: Eine kurze Geschichte der Astrologie

Am Anfang jeder Geschichte der Astrologie steht das Bild des nächtlichen, mit Sternen übersäten Himmels. Der Mensch früherer Zeiten hat ihn sicher anders erlebt als wir. Er wusste nichts von Lichtjahren und galaktischen Nebeln. Er erschaute das Firmament eher vergleichbar einem Kind. Und als Kind der Frühzeit sah er sich nicht, wie wir heute, als getrennt von diesem Himmel, sondern als eins mit ihm. Er fand sich in allem und fand alles in sich. Und er folgte dem Rhythmus dieses großen Ganzen, ähnlich wie ein Kind seiner Mutter folgt. Dabei fühlte er sich wohl getragen und geborgen.

Wann die Menschheit anfing, sich aus diesem Gefühl der Allverbundenheit zu lösen, ist schwer zu sagen. Die überlieferten Zeichen sind rar und rätselhaft. Aber als der Homo sapiens begann, die Sterne zu deuten, war er dem großen Ozean seit Äonen entstiegen, er sah sich und den Himmel längst als getrennte Einheiten. Doch kam es irgendwann dazu, dass der Mensch Beziehungen zwischen den Sternbildern und dem Leben auf der Erde wiederentdeckte, deren Kenntnis er eigentlich schon immer besaß. Beispielsweise erlebte er, dass ein Krieg ausbrach, während am Himmel ein Komet auftauchte und die normale Ordnung der Sterne störte. Oder er empfand großes Glück, während sich am Firmament zwei besonders helle Lichter trafen. Er begann solch auffällige Lichter mit Namen zu versehen: »Helios« beispielsweise – oder »Jupiter«, »Mars« oder »Venus«. Er ging sogar dazu über, bestimmte Sterne als Gruppen (Sternbilder) zusammenzufassen und ihnen Namen zu geben, etwa »Widder« oder »Großer Wagen«. Immer wieder beobachtete er typische Gestirnskonstellationen, die parallel zu markanten Ereignissen auf der Erde auftraten. Nach den Gesetzen der Logik entwickelte er aus diesen Zusammenhängen mit der Zeit eine Wissenschaft, die Astrologie, die ihm zum Beispiel die Schlussfolgerung erlaubte, dass auf der

Erde Gefahr droht, wenn Mars in das Tierkreiszeichen Skorpion eintritt. So fand der Mensch allmählich seine verlorene Einheit wieder und baute eine Brücke, die ihn mit seinem Urwissen verband, das er im Inneren seiner Seele aber nie wirklich verloren hatte.

Der Ursprung

Die Urheimat der Sternkunde war nach heutigem Erkenntnisstand Mesopotamien, das Land zwischen den Flüssen Euphrat und Tigris, das jetzt »Irak« heißt. Dort war der menschliche Geist wohl am kühnsten und vollzog als Erster endgültig die Trennung zwischen Mensch und Schöpfung. Die Sterne am Himmel bekamen Götternamen, etwa den des Sonnengotts Schamasch und der Göttin Ischtar, die auch als Tochter der Mondgöttin verehrt wurde und die sich als leuchtender Venusstern offenbarte. Da der Mond, die Sonne und einige andere Lichter im Vergleich zu den Fixsternen scheinbar wanderten, nannte man diese Planeten »umherirrende« oder »wilde Schafe« und unterschied sie von den »festgebundenen« oder »zahmen Schafen« – den Fixsternen, die vom Sternbild Orion, dem »guten Hirten«, bewacht wurden. Der größte Planet des Sonnensystems, mit heutigem Namen »Jupiter«, war im Land zwischen den zwei Strömen ein Sinnbild des Schöpfergottes Marduk. Sein Sohn und Begleiter hieß »Nabu« und wurde später zu »Merkur«. Das rötlich funkelnde Gestirn Mars wiederum war die Heimat des Herrn der Waffen, der genauso als Rachegott angesehen wurde. Saturn war ebenfalls bereits entdeckt worden und wurde als eine »müde Sonne« betrachtet. Außerdem galt Saturn als Gott der Gerechtigkeit, Ordnung und Beständigkeit. Gemeinsam mit anderen Göttern erhob sich schließlich der Rat der zwölf Gottheiten, und damit hatten auch die zwölf verschiedenen astrologischen Prinzipien ihren Auftritt. Zu all diesen Erkenntnissen kam man im Zweistromland etwa zwischen dem 7. und 4. vorchristlichen Jahrhundert.

Man hat Tafeln aus dem 2. Jahrhundert vor Christus gefunden, auf denen Beobachtungen über den Lauf von Sonne, Mars und Venus eingezeichnet waren. Auch Zeugnisse von ersten Geburtshoroskopen stammen aus dieser Zeit. Im Jahr 1847 wurden bei den Ruinen von Ninive 25 000 Tontafeln ausgegraben. Man datierte sie ins Jahr 600 vor Christus. Auf einem Teil dieser Tafeln befinden sich Weissagungen, die, mit etwas Zeitgeist aufgefrischt, ohne weiteres der astrologischen Seite einer modernen Tageszeitung entstammen könnten: »Wenn Venus mit ihrem Feuerlicht die Braut des Widders beleuchtet, dessen Schwanz dunkel ist und dessen Hörner hell leuchten, so werden Regen und Hochflut das Land verwüsten.«
Das ist eine »professionelle« astrologische Vorhersage. Damit war Spezialistentum an die Stelle einer ganzheitlichen Naturerfahrung getreten. Denn inzwischen hatte nur der fachkundige Astrologe die Zeit und das Wissen, den Himmel zu studieren, um daraus Rückschlüsse auf die Ereignisse im Weltgeschehen zu ziehen. Bald musste dieser Fachmann auch nicht einmal mehr den Himmel selbst beobachten. Spätestens im 1. Jahrhundert vor Christus gab es Ephemeriden. Das sind Bücher, aus denen die Stellung der Gestirne zu jeder beliebigen Zeit herausgelesen werden kann. Die Astrologie, wie sie auch heute noch betrieben wird, war damit endgültig geboren.

Die Blüte

In den nun folgenden 1500 Jahren erlebte die Astrologie eine Blütezeit kolossalen Ausmaßes. Dafür steht ein so bedeutender Name wie Claudius Ptolemäus. Er lebte im 2. Jahrhundert nach Christus und vertrat das geozentrische Weltbild mit der Erde im Mittelpunkt, auf das sich die Menschheit nach ihm noch länger als ein Jahrtausend beziehen sollte. Er war Geograph, Mathematiker und ein berühmter Astrologe und Astronom, der das bis in unsere Zeit fast unveränderte Regelwerk der Astrologie verfasste, den *Tetra-*

biblos, welcher aus vier Büchern besteht. Darin riet er zu einer sorgfältigen Gesamtschau des Geburtshoroskops. Er erwähnte auch, dass man bei der Beurteilung eines Menschen ebenso dessen Milieu und Erziehung berücksichtigen solle, was einer modernen ganzheitlichen psychologischen Betrachtungsweise entspricht.

Eine spätere Berühmtheit in der Geschichte der Astrologie war Philippus Theophrastus Bombastus von Hohenheim (1493–1541), der sich selbst stolz »Paracelsus« nannte. Er war Arzt, Alchemist sowie Philosoph, und von ihm stammt jener von Astrologen so viel zitierte Satz: »Ein guter Arzt muss immer auch ein guter Astronomus sein.« Dazwischen lebte der Bischof lsidor von Sevilla (560–636). Er schrieb, ein Arzt solle immer auch sternkundig sein. Erwähnt werden muss natürlich die berühmte weibliche Vertreterin einer sternenkundigen Heilkunst, Hildegard von Bingen (1098–1179). Sie war fasziniert von den Analogien zwischen Himmel und Erde, sammelte Kräuter, pflanzte sie im Klostergarten an und schrieb über die Wirkung der Mondphasen. Sicher war die heilige Hildegard nicht der einzige weibliche astrologisch denkende Mensch. Aber ihr Name sei hier stellvertretend genannt für all die Frauen, die als Tempelpriesterinnen, Nonnen und angebliche Hexen ihr ganzheitliches Wissen über die Jahrhunderte hinweg weitergegeben haben.

Bis ins 16. Jahrhundert dauerte die Hoch-Zeit der Astrologie. Beinah alle angesehenen Denker – wie Platon und Aristoteles im Altertum, Naturwissenschaftler wie Nikolaus Kopernikus (1473–1543), Johannes Kepler (1571–1630) und Galileo Galilei (1564–1624) – dachten astrologisch und berechneten auch Horoskope. Am bekanntesten ist das von Kepler angefertigte Horoskop Wallensteins aus dem Jahr 1608. Die Astrologie wurde an den Universitäten gelehrt, und auch viele Bischöfe und einige Päpste förderten die Sternkunde. Wie es heute selbstverständlich ist, dass ein Naturwissenschaftler Einsteins Relativitätstheorie kennt und versteht, so war damals jeder denkende Kopf in der Astrologie bewandert.

Der Niedergang

Bereits Ende des 16. Jahrhunderts hatte die Astrologie ihren guten Ruf in vielen Ländern Europas verloren. Es gab päpstliche Anordnungen wie die Bulle »Constitutio coeli et terrae« von 1586, in der ein Verbot der Astrologie ausgesprochen wurde, und die meisten Universitäten schafften ihren Lehrstuhl für Astrologie ab.

Worauf war dieser rapide Niedergang zurückzuführen? Es gibt sicher zahlreiche Gründe. Der wichtigste ist, dass sich der menschliche Geist von den Fesseln tradierter Vorstellungen zu befreien begann. Er löste sich mit der Reformation von Rom und später mit der Französischen Revolution von seinen königlichen und kaiserlichen »Göttern«. Da war es nur konsequent, sich auch von den »Göttern am Himmel« loszusagen. Der zweite Grund war der, dass sich im Laufe der Zeit grobe Fehler astrologischer Vorhersagen herumsprachen. So hatte es wohl keine Prophezeiung gegeben, die den Dreißigjährigen Krieg oder die Pest rechtzeitig in den Sternen sah. Der dritte Grund wird häufig von den professionellen Astrologen angeführt. Sie behaupten, dass die falschen Propheten, also die unseriösen Astrologen, der wahrhaften Sterndeutekunst das Aus bescherten. Eine Kunst wie die Astrologie lockt natürlich auch faustische Gestalten an, die davon besessen sind, dem Schicksal einen Schritt voraus zu sein. Solche Schwarmgeister und falsche Propheten haben der Astrologie bestimmt geschadet, besonders auch, weil durch die Erfindung der Buchdruckerkunst jede selbst noch so törichte Prophezeiung in einer hohen Auflage verbreitet werden konnte. Aber den guten Ruf der Astrologie haben letztlich auch sie nicht ruiniert.

Nein, es waren die Astrologen selbst. Als im 16. und 17. Jahrhundert durch immer neue Entdeckungen die Erde ihre zentrale Stellung verlor und sich ein völlig neues naturwissenschaftliches Verständnis durchsetzte, versuchte die Astrologie mitzuhalten und verlor wegen ihrer unhaltbaren Thesen jeden Kredit in den gelehrten Kreisen. Schon Kepler, der seiner Zeit um Jahrzehnte voraus war, hatte die Astrologen gewarnt und ihnen geraten, ihre Kunst nicht auf einen naturwissenschaftlichen, sondern auf einen philosophischen Boden zu stellen. Er sagte, es sei unmöglich, zu denken, dass die Sterne mittels irgendwelcher Strahlungen die menschliche Seele berühren könnten. Er sprach in diesem Zusammenhang von einem astrologischen Instinkt, der im menschlichen Geist verankert sei. Aber sein »psychologischer Ansatz« wurde überhört und ging schließlich völlig unter. Die Astrologen sahen sich im Gegenteil dazu veranlasst, immer hanebüchenere »wissenschaftliche« Thesen aufzustellen. Die Folge war ein gewaltiges Gelächter der gesamten gelehrten Welt im 17. Jahrhundert, das bis heute noch nicht verklungen ist.

Der Neubeginn

Erst im 19. und dann besonders im 20. Jahrhundert besann sich der Mensch wieder vermehrt seiner fernen Vergangenheit. Der Schweizer Psychiater C. G. Jung etwa sagte, dass die Astrologen endlich darangehen müssten, ihre Projektionen, die sie vor Jahrtausenden an den Himmel geworfen hätten, wieder auf die Erde zurückzuholen. In jeder menschlichen Seele seien die Kräfte der astrologischen Archetypen, der archaischen Urbilder, enthalten und dort wirksam. So wird der Raum am Himmel mit den Zeichen und Planeten zu einer Landkarte menschlicher Anschauung. Dabei ist es nicht so, dass zum Beispiel der Planet Mars die Geschicke *bestimmt*, sondern er *zeigt* durch seine Position den Gesetzen der Analogie folgend *auf*, was in der menschlichen Seele vor sich geht.

Nach seiner jahrtausendelangen Reise heraus aus der Allverbundenheit hat der Mensch also begonnen, den Bezug zu seinen Ursprüngen wiederherzustellen. Er besinnt sich als kritischer und freier Geist darauf, was schon immer in ihm vorhanden war. Damit beginnt die Ära einer psychologischen oder philosophischen Astrologie. Und das ist auch die Geburtsstunde einer Astrologie, die ganzheitlich denkt und arbeitet.

In etwa parallel zu dieser allmählichen Hinwendung zur Psychologie und Philosophie übernahmen Computer mit entsprechender Software den komplexen Rechenvorgang zur Erstellung eines Geburtshoroskops. Bis vor vielleicht zehn, zwanzig Jahren gehörte es zum Standardkönnen eines jeden Astrologen, Horoskope zu berechnen und zu zeichnen. Dies ist sehr wahrscheinlich einer der Gründe, warum Frauen unter den Sterndeutern damals deutlich in der Minderzahl waren. Es ist einfach nicht ihr Metier, sich mit trockenen Zahlen und komplizierten Berechnungen herumzuschlagen, wo es doch um seelische Vorgänge geht – und diese Feststellung ist in keiner Weise abwertend gemeint, denn heute sind Frauen unter den Astrologen bei weitem in der Überzahl.

Der PC spuckt nach Eingabe von Name, Geburtsdatum, -ort und -zeit in Sekundenschnelle das Horoskop aus. Die astrologische Kunst scheint jetzt »nur« noch darin zu bestehen, die Konstellationen richtig zu deuten. Und auch hier ersetzt der Computer mehr und mehr den Astrologen. Es gibt schon seit einigen Jahren Programme, die mit entsprechenden Textbausteinen zu bemerkenswert treffenden Aussagen kommen. Ist dies nun das Ende der Sterndeuter? Ich meine: im Gegenteil! Überlassen wir dem »Computer-Astrologen« ruhig die Grundarbeit. Das spart Zeit. Dafür kann der »Mensch-Astrologe« die einzelnen Fakten im Sinne einer ganzheitlichen Schau zusammentragen und sich völlig dem Verständnis der einmaligen, individuellen Persönlichkeit widmen. Ebendafür ist ein großes Maß an Intuition, die ja gerade eine weibliche Stärke ist, mit Sicherheit von Vorteil.

Teil I

Das Tierkreiszeichen

Wichtiges und Grundsätzliches

Die Erde dreht sich bekanntlich einmal im Jahr um die Sonne. Von uns aus gesehen, scheint es aber so zu sein, dass die Sonne eine kreisförmige Bahn um die Erde beschreibt. Der Astrologie wird vielfach vorgeworfen, sie ignoriere diesen grundlegenden Unterschied. In Wirklichkeit ist er für die astrologischen Horoskopdeutungen jedoch nicht von Bedeutung.

Diesen in den Himmel projizierten Kreis nennt man »Ekliptik«. Die Ekliptik wird in zwölf gleich große Abschnitte gegliedert, denen die Namen der zwölf Stern- bzw. Tierkreiszeichen zugeordnet sind. Zwischen dem 23. Juli und dem 23. August durchläuft die Sonne gerade den Abschnitt Löwe, weswegen dieses Tierkreiszeichen auch das »Sonnenzeichen« genannt wird.

Beginnen wir jetzt mit der Betrachtung des Sonnen- oder Tierkreiszeichens, dem dieser Band gewidmet ist, um zunächst einmal herauszufinden, was denn nun »typisch Löwe« ist.

Wie wird man ein Löwe?

Kinder des Himmels

Wer Anfang März um Mitternacht in südlicher Richtung nach dem Sternbild Löwe Ausschau hält, wird rasch fündig. Kaum ein anderes Tierkreissymbol ist so leicht zu erkennen. Der große und der kleine rhombische Körper springen dem Betrachter regelrecht ins Auge. Vielleicht sieht man nicht sofort einen Löwen, aber dass es sich um einen mächtigen dahingestreckten Tierkörper mit deutlich abgesetztem Kopf handelt, ist ohne weiteres zu erkennen.

Der hellste Stern heißt Regulus (ganz rechts), der Königsstern. Er steht ganz exakt auf der Ekliptik, der zentralen Bahn des Himmels. Vielleicht inspirieren Löwe und Königsstern den nächtlichen Betrachter, und er denkt an Ehrfurcht und Erhabenheit, an Macht und unbeschränkte Lust. In seiner Phantasie hat er das Reich des Löwen betreten – des Königs aller Kreaturen.

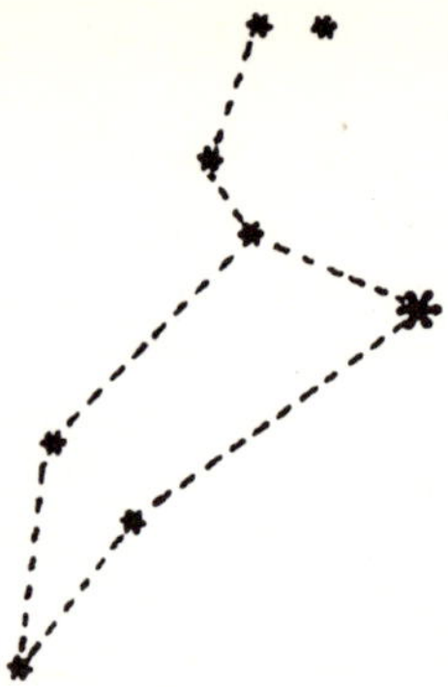

Oberhalb des Löwen, in Richtung auf den Großen Wagen zu, befindet sich der kleine Löwe. Er besteht nur aus drei Sternen, und es hat den Anschein, als würde sich der kleine in das Fell des großen einschmiegen und sich daran festhalten.

Kinder ihrer Jahreszeit

Obgleich die Sonne immer weniger hoch am Himmel steht und täglich länger unter dem Horizont verweilt, hat ihre gewaltige, unerschöpfliche Energie an den vergangenen Sommertagen die Erde erhitzt und die großen Ozeane gleichmäßig erwärmt. Im Juli findet der Mensch wenigstens noch im Schatten der Bäume und nahe am See Erfrischung und Kühle. Jetzt, im August, im Zeichen des Löwen, durchdringt die Hitze zumindest in den südlicheren Gegenden jeden Winkel und bleibt flimmernd über dem Land stehen. Sogar in der Nacht wartet man lange auf den frischen Wind des Morgens. Die Natur hält den Atem an. Was sich noch bewegt, geht träge seines Weges und schont seine Kraft. Nur was ruht und sich entspannt, kann die Glut ertragen.

In der Welt der Pflanzen werden die Früchte immer reifer; das Korn ist sogar bereit zum Schnitt. Und in der Tierwelt beginnen die Jungen ihr eigenes Leben. Vögel riskieren den ersten Flug, um das Spiel mit der Luft zu üben. Die ganze Natur löst sich von Bindungen und Verpflichtungen ab und folgt mehr und mehr der eigenen Lust und Laune.

Kinder der Kultur

Die Kornernte kostet große Kraft; der Bauer arbeitet unter sengender Sonne und zeitlichem Druck, denn ein plötzlicher Wetterumbruch kann die gesamte Ernte vernichten. Meistens ist das Getreide in einer Woche eingebracht. Aber dann beginnt eine andere anstrengende Arbeit: das Dreschen des Korns. Ohne moderne Maschinen ist dies eine Tätigkeit, bei der auch die Frauen und selbst die Kinder kräftig zulangen müssen. Aus alter Zeit gibt es viele Beschreibungen und Lieder, die das rhythmische Schlagen der Dreschflegel wie das Dröhnen von Trommeln wiedergeben. Nach dieser Arbeit traf man sich in ausgelassener Runde und feierte ein Fest. Denn nun machten es die Menschen wie die Natur und ruhten! Die Arbeit war getan, es blieb Zeit für Lust, Entspannung und Vergnügen.
Im Juli/August, also der Zeit des Löwen, wälzt sich jedes Jahr eine Schlange urlaubshungriger Menschen von Norden gen Süden. Alle sind sie auf der Jagd nach dem Löwen, der in ihnen auf Befreiung wartet. Dann liegen sie an den Stränden, dösen unter der sengenden Sonne und zeigen am Abend auf den Boulevards der Urlaubsmetropolen ihren braunen Teint und so viel nackte Haut wie möglich. Wenigstens für ein paar Wochen rangiert nicht Pflicht, sondern Lust an allererster Stelle.

Kinder der Tierwelt

Der Löwe gilt als König des gesamten Tierreichs. Diesen Ruf verdankt er zuallererst seiner Stärke, bestimmt aber auch seiner pompösen Erscheinung mit dem ausladenden Fellkranz um den Kopf, der einer goldenen Sonne gleicht. Vom männlichen Löwen ist bekannt, dass er sich gern bedienen lässt, besonders von seiner Frau. Sie jagt und schlägt das Wild, erst dann ist der König willens, das Mahl einzunehmen. Aber seinen Kindern gegenüber ist er sehr großzügig. Sie fressen immer zuerst und dürfen vorher und danach stundenlang mit ihm im Sand oder im Gras der Steppe spielen. Man sagt, dass der Löwe seine Kinder verwöhnt. Wenn er nicht spielt, nicht frisst und keine Beute jagt, ruht der König der Schöpfung – ausgiebig, manchmal tagelang

Löwen waren schon immer als Status und Wappenzeichen begehrt. Sie stehen als steinerne Wächter vor gewaltigen Toren oder zieren in Gold den Thron. Im Mythos und in allen Religionen spielt der Löwe eine wichtige Rolle. Die Sphinx besteht zu einem Viertel aus einem Löwen, und neben Stier (Erde), Adler (Wasser) und Engel (Luft) verkörpert der Löwe das vierte Element, das Feuer.

Extraordinär

Bei einer kleinen Übung, die ich in meinen Astrologieveranstaltungen gern durchführe, bitte ich die Teilnehmer, ganz spontan und ohne lange Überlegung all die Worte aufzuschreiben, die ihnen einfallen, wenn sie den Begriff »Löwe« hören.

Sie können die Übung jetzt auch sofort selbst einmal durchführen: Schreiben Sie einfach Ihre Assoziationen zu diesem Wort auf! Es wird bei Ihnen wahrscheinlich nichts wesentlich anderes herauskommen als bei all denjenigen, die zuvor dieses »Brainstorming« gemacht haben: »Macht, Führung, Prestige, Schönheit, Leben, Sonne, Status, Power, Überheblichkeit, Größe, Selbstherrlichkeit, Napoleon, Bill Clinton, Obama, Großzügigkeit, Verschwendung, Strahlelaune, Lust, Arroganz, Gnade, Ruhm, Herrlichkeit, Majestät, Wonne …« Ist es nicht großartig, was man mit dem Wort »Löwe« verbindet?

Sie könnten jetzt einwenden – und dann sind Sie bestimmt kein hundertprozentiger Löwe, ich meine, dann haben Sie einen Aszendenten und/oder ein Mondzeichen, die Ihr Löweprinzip ein klein wenig relativieren –, es kämen ja auch Wörter wie »Arroganz, Verschwendung und Selbstherrlichkeit« vor. Dann haben Sie zwar recht, aber wiederholen Sie einmal diesen gleichen Test mit den Tierkreiszeichen Skorpion, Steinbock, Jungfrau oder Fische. Sie werden sofort den Unterschied bemerken: Der Löwe löst mit Abstand die positivsten Gedanken, Gefühle, Assoziationen, Bilder und Phantasien aus.

So ein Glück!

Allein deswegen schon ist es ein Glück, als Löwin oder als Löwe geboren zu sein. Diese Menschen werden von der ersten Minute ihres Lebens an schmeichelnden, verschönernden, erhebenden Schwingungen ausgesetzt. Dazu passt, dass sie auch noch zu einer Jahreszeit zur Welt kommen, in der – zumindest auf der nördlichen Hemisphäre – das Leben seine lässigste Gangart einschlägt: Ende Juli bzw. August, Ferienmonate, die Sonne strahlt, es ist Sommer, »richtiger« Sommer!

»So ein Glück!«, sagen die einen, vor allem natürlich Löwegeborene selbst und vielleicht noch die Wassermänner; denn Letztere sind genauso großzügig wie Löwen und fühlen sich ähnlich privilegiert. »So eine Gemeinheit!«, werden viele andere schmollen – zum Beispiel bestimmte Jungfrauen, Steinböcke, Skorpione und Zwillinge –, die sich abplagen und abstrampeln, um wenigstens ein bisschen Anerkennung zu erhaschen.

Die Wirklichkeit von typischen Löwegeborenen hat jedoch sowohl etwas von der einen wie auch von der anderen Seite – und noch etwas dazu: Einerseits sind Löwen wirklich privilegiert, zum anderen haben sie sich viel mit Neidattacken abzuplagen. Und natürlich verfügen auch sie nicht nur über Sonnenseiten: Ihr Image als Sonne-Wonne-Kind kostet Kraft, und ihr innerer Anspruch auf Größe verlangt, dass sie auch jede Menge Güter besitzen. Und sie sind vor allem – wie es bei einer richtigen Majestät ja meistens der Fall ist – stur wie ein Panzer und unglaublich inflexibel.

Bevor ich aber weiter über das Naturell des Löwen erzähle, möchte ich Sie ein wenig mit den im Tierkreis (Zodiak) zeitlich vorangegangenen Zeichen vertraut machen. Denn dies ist die Voraussetzung dafür, dass man das Wesen eines Löwen ganz erfasst.

Der Tierkreis beginnt mit dem Widder. Er steht am Anfang, und er symbolisiert tatsächlich einen Neubeginn. Stellen Sie sich ein Ei vor, das gerade aufbricht, aus dessen Innerem sich ein neues Wesen mit aller Kraft nach außen, hinaus in das Leben drängt. Wenn das neue Lebewesen seinen ersten tiefen Atemzug genommen hat und auf seinen eigenen Beinen stehen kann, wird es beginnen, den Raum zu erobern. All das gehört symbolisch zum Tierkreiszeichen Widder: aufbrechen, sich ausdehnen, erobern, einnehmen.

Irgendwann wird unser neugeborenes Wesen vielleicht einen bestimmten Platz als seinen eigenen erleben und durch entsprechende Vorkehrungen wie Markierungen oder Abgrenzungen versuchen, ihn zum Eigentum zu erklären. Damit beginnt das zweite astrologische Prinzip, nämlich Stier: absichern, Fuß fassen, Raum nehmen, schützen, bewahren, sammeln, aneignen, besitzen.

Das dritte Prinzip, Zwillinge, beginnt in dem Augenblick, in dem wir anfangen, andere Lebewesen wahrzunehmen und mit ihnen

Kontakt aufzunehmen. Diese Kontaktaufnahme ist allerdings völlig auf sich selbst bezogen. Ich meine damit, dass auf der Entwicklungsstufe der Zwillinge noch keine wirkliche Begegnung stattfindet, sondern »das andere« nur im Hinblick auf das eigene Selbst gesehen und eingestuft wird: Was gibt mir das oder der andere, was hat der andere, was unterscheidet ihn von mir? Die Zwillingeenergie kann man am besten mit dem Spiel von Kindern vergleichen. Sie sind vollkommen in Kontakt miteinander, der jedoch bei der kleinsten Störung oder Unstimmigkeit abgebrochen wird und sich in Auseinandersetzung und Streit verkehrt: Das ist noch keine soziale, reife, von gegenseitigem Respekt getragene Beziehung oder gar Partnerschaft.

Mit dem vierten Zeichen, dem Krebs, beginnt eine völlig neue Seinsebene, nämlich die des Fühlens oder »Sich-in-seinem-Inneren-Findens«. Auf der Entwicklungsstufe des Krebses erlebt sich der Mensch nicht als Macher (Widder), als Besitzer (Stier), als Begegnender (Zwillinge), sondern als seiendes und empfindendes Wesen. Mit anderen Worten: Der Mensch erlebt sich in der Weise, wie und was er in sich aufnimmt und wieder abgibt.

Mit dem Zeichen Krebs ist der Mond assoziiert; oder, wie es in der Astrologie heißt, der Mond regiert den Krebs. Und so, wie der Mond das Licht der Sonne aufnimmt und es auf geheimnisvolle Weise transformiert, so dass auf der Erde unterschiedliche Wachstumsphasen bewirkt werden, so sind auch Krebsgeborene Wesen, die alles, was sie aufnehmen, nähren sowie zur Reifung und Frucht bringen. Das Urbild vom Krebs ist eine Schwangerschaft, bei der im Leib einer Mutter neues Leben reift.

Das dem Krebs nachfolgende Tierkreiszeichen ist der Löwe. Um beim Bild von Sonne und Mond zu bleiben: Jetzt entsteht der Wunsch, selbst zur Sonne zu werden, aktiv zu gestalten und durch eigenes Wirken und Tun die Welt »draußen« zu verändern und neue Welten zu erschaffen.

Sonne sein

Ein typischer oder echter Lözwegeborener ist nicht nur ein »sonniger Mensch«, sondern so etwas wie eine Sonne: ein Wesen, das aus sich selbst heraus gebiert, erzeugt, kreiert, erschafft und handelt.

Ich möchte jetzt einige Löwemenschen beschreiben, von denen ich meine, dass sie diese Löwekraft ganz besonders deutlich repräsentieren. Ich will damit keineswegs andeuten, Sie sollten diese »Prominenten« nun imitieren. Denn eines muss gleich vorneweg gesagt werden: Ein Löwe imitiert nie jemanden, das hat er nicht nötig. Ich beschreibe diese Persönlichkeiten vielmehr deswegen, damit Löwen sehen, welche astrologischen Brüder und Schwestern sie haben.

Madonna Ciccone und Mick Jagger sind Popstars – und beide Löwen. Sie verkörpern das »Löwische« so gekonnt, dass sie damit weltberühmt wurden. Mick Jagger röhrt seit den sechziger Jahren des letzten Jahrhunderts über sämtliche große Bühnen der Welt und hat bis heute nichts eingebüßt von seinem packenden Feuer, seinem grenzenlosen Selbstbewusstsein und seiner musikalischen Genialität. Der Song »I can't get no satisfaction«, den er mit seiner Band »The Rolling Stones« in den Sechzigern spielte, bringt das Credo eines Löwen auf treffende Weise zum Ausdruck: mehr zu wollen, mehr, mehr, immer mehr …!

Madonna spielt ihr Repertoire »erst« seit weniger Jahren im Licht einer so großen Öffentlichkeit, schockiert dabei immer wieder und bleibt trotzdem an der Spitze. Ihr Bestseller *Erotica* beispielsweise, der 1992 erschien, durfte nur in zusätzlicher Verpackung über den Ladentisch der Buchhandlungen gehen. Mitte der neunziger Jahre übernahm Madonna die Rolle der argentinischen Nationalheldin Eva Perón in dem Filmmusical »Evita«: Die »Welt« protestierte – und die Welt lag ihr hernach genauso zu Füßen. Mittlerweile ist sie Mutter, und alle scheinen wieder fasziniert zu sein.

Man schaue sich einmal einen Clip dieser Stars an: wie sie sich bewegen, tanzen, sich in Pose werfen – hemmungslos, schamlos, ohne Scheu (diese Begriffe sind nicht abwertend oder moralinsauer gemeint). Das Gefühl, sich keinerlei Beschränkungen auferlegen zu müssen, das Talent, ein Leben zu leben, das man selbst vorgibt, all dies steht keinem anderen Tierkreiszeichen so uneingeschränkt zur Verfügung wie Löwegeborenen. Sie überzeugen, weil sie von sich selbst überzeugt sind. Sie gewinnen andere, weil sie von ihnen nicht abhängig sind.

Natürlich ist nicht jeder Löwegeborene ein Fan solcher Stars. Vom Musikgeschmack einmal abgesehen, kann ich dann – ohne sie näher zu kennen – auf den Kopf zusagen, dass sie keine hundertprozentigen Löwen sind. Ganz sicher haben andere Horoskopfaktoren hier eine relativierende Wirkung auf ihr Löwenaturell. Vielleicht steht die Sonne auch in einem dem »Löwischen« abträglichen Haus oder in einer Verbindung mit einem Planeten, der etwas zum Löweprinzip Gegensätzliches repräsentiert. Denn ein richtiger Löwe liebt Show, Theater, Rampenlicht, Kult und Applaus. Oder die Betroffenen sind, auch das ist natürlich möglich, ausgesprochen von sich selbst überzeugte Löwen. Dann gefallen diese Stars wahrscheinlich deswegen nicht, weil man glaubt, man könnte dies alles noch besser. Das wäre allerdings wiederum absolut löwetypisch.

Wenn man die Reihe solcher Größen aus dem Showbusiness erweitern möchte, kann man die Schauspieler Götz George, Robert Redford, Peter O'Toole oder das Model Inès de la Fressange dazunehmen. Bei ihnen allen ist diese Gabe, zu strahlen und zu glänzen, andere in den Bann zu ziehen und sich von ihnen bewundern zu lassen, besonders ausgeprägt. Auch Arnold Schwarzenegger war ein Schauspieler, und er wurde sogar Gouverneur von Kalifornien.

Bei zwei weiteren berühmten Vertretern der »Abteilung« Löwe lässt sich die unnachahmliche Fähigkeit studieren, die Dynamik von Ruhe und Spannung optimal zu nutzen. Ich meine die Tennisspieler Pete Sampras und Roger Federer. Sampras war mehrere Jahre lang Weltranglistenerster und wiederholt Wimbledon-Champion. Federer gewann bis Anfang 2010 bereits 62 Titel, darunter sechzehn Grand Slams. Man sehe sich diese Tennislöwen einmal in einem Video genau an. Sie bewegen sich geschmeidig wie Katzen, Ball und Gegner ständig im Auge. Sie machen keine Bewegung zu viel. Das Erstaunlichste aber ist, dass ihre Körper dabei entspannt wirken, selbst wenn sie im Endspiel stehen und bereits seit Stunden mit einem Gegner kämpfen. Man beobachtet eigentlich nie Anzeichen von Verkrampfung oder Stress. Ihre Bewegungen sind lässig, rund, natürlich, spielerisch, zwischen jeder Aktion scheinen sie in eine tiefe, vollkommene Entspannung zu versinken, lächeln und holen dann scheinbar ohne Anstrengung zu einem Schlag aus, der den Ball mit atemberaubender Geschwindigkeit über das Netz jagt.

Es ist völlig gleichgültig, ob man ein Sportler, ein Schauspieler, eine Verkäuferin ist oder im Service arbeitet: Ist man ein Löwe, dann wirkt seit der Geburt eine unglaubliche Kraft, eine Energie, die einen zum »Star« und zum Sieger macht. Man ist vom Schicksal dazu auserwählt und bestimmt, etwas Besonderes zu sein. Ich meine nicht, dass jeder Löwe ein Star wie Sampras, Federer, Jagger oder Madonna werden wird. Aber in jedem Löwen steckt diese Kraft, auf seine Weise eine natürliche Autorität, eine Quelle schöpferischer Inspiration, ein strahlender Mittelpunkt und ein erfolgreicher, glücklicher Mensch zu werden.

Ruhen ... tun ... ruhen

Wem das Tennisspiel nicht liegt, sollte sich vielleicht mal einen Film über wirkliche Löwen anschauen. Einst sah ich einen im Fernsehen. Erster Akt: Der Löwe ruht, er sammelt seine Kräfte, er schützt sich vor der sengenden Sonne und schont sich, so gut es nur geht ... Er kann warten, er ist der König der Tiere. Höchstens sein Schwanz vertreibt lässig aufdringliche Fliegen. Zweiter Akt: Der Löwe reckt sich, er streckt sich. Unglaubliche Muskelpakete treten zutage. Da zeigt sich ein Koloss aus Kraft, Energie, Vitalität und Stärke. Er wartet, doch schließlich setzt er sich in Bewegung – lautlos. So massiv er noch kurz zuvor wirkte, so schwerelos erscheint er jetzt, wie er federnd zum Wasser trabt. Dritter Akt: Der Löwe jagt. Er ist wie der Wind, schleicht sich an seine

Beute heran, bis er nahe genug ist, um mit Höchstgeschwindigkeit angreifen zu können. Im Allgemeinen bringt seine große Masse und Wucht das Opfer wie ein Blitzschlag zu Fall. Vierter Akt: Der Löwe ruht. Er kann zig Kilo Fleisch pro Mahlzeit fressen und lässt anschließend Tage verstreichen, bis er wieder auf die Jagd geht.

Ruhen … tun … ruhen. Daraus besteht der lebendige Rhythmus eines Löwen. Er braucht immer wieder seine Pausen. Löwen – die Tiere wie die unter diesem Zeichen geborenen Menschen – werden nervös, zänkisch, übelgelaunt, wenn sie keine Zeit zum Ruhen finden.

Ich kenne Löwegeborene mit einem völlig unregelmäßigen Lebensstil: Zuweilen schlafen sie nur drei oder vier Stunden, und das über mehrere Tage hinweg. Sobald sie jedoch einen freien Tag haben – und wenn keiner »kommt«, dann nehmen sie sich einfach einen –, schlafen sie, schlafen und schlafen, manchmal 24 Stunden lang.

Löwen sind Sieger

Der Löwe Napoleon Bonaparte war eine außergewöhnliche Person. Er hatte die Französische Revolution und das große Rollen der Royalistenköpfe miterlebt. Und was bringt dieser von Statur kleine Mann relativ kurz darauf fertig? Er veränderte nicht nur die nationale Landschaft ganz Europas, sondern krönte sich zum Kaiser von Frankreich.

Oder nehmen Sie Bill Clinton oder Obama. Bei ihren Auftritten ist immer etwas von diesem selbstverständlichen Imponiergehabe eines Löwegeborenen präsent. Schauen wir noch auf einen ganz anderen Löwen, den Schweizer Psychiater C. G. Jung. Wenn man dieses Genie mit Sigmund Freud vergleicht – Jung war zunächst ein Schüler Freuds, kehrte sich jedoch schon 1912 von dessen Lehre ab und begründete eine eigene tiefenpsychologische Richtung –, merkt man sofort den Unterschied zwischen einem bodenständigen Erdzeichen (Freud war Stier) und einem leidenschaftlichen Feuerzeichen (Jung).

Freud analysierte das Bewusstsein seiner Patienten, wie ich es sehe, ausgesprochen leidenschaftslos und kam dabei zu einer recht starren und begrenzten Sichtweise der Psyche, bei der sich, salopp formuliert, letztendlich das menschliche Bewusstsein nicht wesentlich von dem eines Tieres unterscheidet, das von der Gesellschaft gezwungen worden ist, seine ursprünglichen Instinkte zu unterdrücken und in ein soziales Verhalten umzuwandeln. Im Gegensatz dazu sah der mehr spirituell orientierte Jung den Menschen als Erben eines göttlichen Kerns, den er das »kollektive Unbewusste« nannte. C. G. Jungs Absicht war es, mit Hilfe der Psychotherapie ein selbstverwirklichtes, stolzes Individuum hervorzubringen – aus astrologischer Sicht kann man sagen: einen Löwen, so wie er selbst einer war.
Am Ende unseres »Prominentenreigens« will ich noch einige Bonmots des irischen Dichters und Löwegeborenen George Bernard Shaw anführen, die in typischer Weise Denken und Handeln von Vertretern dieses Tierkreiszeichens widerspiegeln.
Shaw erhielt einst eine Einladung. Irgendeine wichtige Lady ließ ihm die Nachricht zukommen, dass sie jeden Donnerstag einen Jour fixe habe und von vier bis sechs Uhr zu Hause sei. Shaw sandte die Karte zurück mit dem Vermerk: »Mr Shaw ebenfalls.«
Der Dichter schlug einmal einem Jungen, der eine Katze ärgerte, seinen Spazierstock aufs Hinterteil. Sein Begleiter rügte ihn: »Ich denke, Sie sind ein Gegner der Prügelstrafe.« – »Bin ich«, erwiderte dieser, »aber noch niemals habe ich behauptet, konsequent zu sein.«
Ein junger irischer Schriftsteller ahmte Shaw nach. Dem Dichter wurde geraten, dem Imitator Einhalt zu gebieten. Shaw sagte jedoch nur: »Soll ich einem Krüppel die Krücken wegnehmen?«
Wenn das alles so stimmt, existieren dann gar keine unglücklichen Löwen? Doch, die gibt es! Aber das sind keine Löwegeborenen, die ihr Potenzial nicht erhalten hätten, sondern solche, die es irgendwann in ihrem Leben nicht angenommen haben.
So wie ich die Dinge sehe, kommt man als Löwe auf die Welt, weil Kräfte aus der zurückliegenden Zeit dies so bedingen. Es ist kein

Zufall, ausgerechnet unter diesem Tierkreiszeichen geboren zu sein. Es handelt sich vielmehr um das Ergebnis der (unbewussten) Absicht des leiblichen Vaters und ist ein Resultat seiner Vergangenheit. Mit anderen Worten: Ein Löwe zu sein heißt, dass man vom Vater her dazu auserkoren ist, ein Sieger, ein »Star«, ein neues, aus sich heraus schaffendes Zentrum zu werden. Diese Tatsache ist unabhängig davon, wie sich der eigene Vater während der Erziehung verhielt. Hier geht es nicht um Psychologie und Sozialisation, die sich später abspielen, sondern um grundlegende, existenzielle kosmische Prozesse. In dieser Hinsicht hat der Vater »alles« gegeben, was notwendig war.

Wer daher das Löwenhafte in sich selbst nicht findet, hat es nicht angenommen, es schlummert immer noch unerlöst in ihm. Dies ist vielleicht deswegen so, weil man den Vater – oft zu Recht – wegen seiner Erziehungsmaßnahmen nicht akzeptieren und ihm daher auch sein existenzielles Vermächtnis, nämlich dieses Leben gegeben zu haben, nicht danken kann.

Darum ist für Löwegeborene die Versöhnung mit dem Vater nicht nur ein Akt ethischer Notwendigkeit, sondern immer auch eine Voraussetzung dafür, glücklich und erfolgreich sein zu können.

Liebe, Sex und Partnerschaft

Auch beim Thema Liebe eifert der Löwemensch seinem astrologischen Urahn nach, dem König der Tiere: Liebe ist für ihn wie Jagd und Eroberung. Oder mit anderen Worten: Jemanden zu erobern ist viel spannender, als ihn zu »besitzen«. Und Löwen sind unglaublich leidenschaftliche Liebhaber. In ihren Armen findet man Wollust pur, die Berührung ihrer Haut setzt eine Art Magnetismus frei, der einen immer tiefer sinken und nach mehr verlangen lässt. Löwen verströmen sozusagen einen ganz schwachen, leicht beißenden Duft, der Erinnerungen an die Urvergangenheit unserer Spezies weckt, in der wir alle noch hemmungslos und, weil eins mit dem Leben, unschuldig liebten.

Lust und Sinnlichkeit sind bei typischen Löwen genauso unerschöpflich wie alles an ihnen, sie lieben wie Champs, wie Weltmeister, wie Könige, wie Stars … Muss sich daneben nicht jeder Vertreter eines anderen Tierkreiszeichens vorkommen wie eine kleine Maus? Ja! Aber das ist auch der Trick. Als »Maus« fährt man mit einem Löwen eindeutig am besten. Denn bei aller Leidenschaft, Triebhaftigkeit und Nähe zum »Tier« findet sich bei Löwen immer auch eine verspielte Note, ein schöpferisches Spiel, das, ginge es nach dem Löwen, nie enden sollte – so wie die Sonne ununterbrochen strahlt, so wie das Leben ständig gebiert und kreiert. Der Löwe ist eine Quelle unversiegbarer Lust am Spiel, und er hört nur auf, weil es zuweilen niemanden gibt, der mitmacht.
Wenn ich sage, dass man mit Löwen am besten als »Maus« zurechtkommt, so heißt dies gerade nicht, dass das Ende so traurig aussieht wie beim wirklichen, tragisch ausgehenden Spiel zwischen Katz und Maus. Es ist genau umgekehrt! Solange die »Mäuse« spielen, bleiben sie »am Leben«, das bedeutet: hält die Partnerschaft.
Das ist das Geheimnis, mit dem stolzen, imposanten Löwen auszukommen. Man muss mit ihm spielen, ihm immer wieder das Gefühl geben, dass man noch lebendig ist (und somit spielbereit). Wie die Katze sofort ihr Interesse an der Maus verliert, wenn diese schlaff in ihren Fängen hängt, so erlahmt auch die Lust eines Löwen, wenn der andere nicht mehr spielt. Spiel ist für einen Löwen ein Zeichen für Lebendigkeit, Autonomie, Freiheit und Selbständigkeit. Und all dies – und nur dies – weckt seine Lust, sein Interesse, seine Leidenschaft.

Der Astro-Flirt

Machen Sie einmal folgendes Experiment, wenn Sie einen Löwen oder eine Löwin kennen: Verabreden Sie sich mit ihm oder ihr in einem Restaurant während der späten Nachmittagsstunden. Es muss noch hell und genug Platz vorhanden sein, dass man jeden, der eintritt, auch sehen kann. Setzen Sie sich irgendwo in dieses Restaurant, und warten Sie auf Ihren Löwen. Sie können jede

Wette eingehen: Wenn er durch die Tür schreitet, ist das ein Akzent für das ganze Restaurant. Irgendwie schaut jeder auf, und wenn es völlig unbewusst und nur für den Bruchteil einer Sekunde geschieht. Genau das Gleiche geschieht in der Savanne, wenn die Sonne sinkt und der Löwe zum Wasser schreitet: Die Natur scheint zu erstarren.

Weil wir gerade von einer Verabredung sprechen: Wenn Sie einen Löwegeborenen zum Freund oder zur Freundin haben, dann richten Sie sich bitte auf lange Wartezeiten ein. Dass Löwen immer zu spät kommen, gehört zu ihrer (meistens wenigstens) unbewussten Strategie, Eindruck zu machen. Es sieht sie doch keiner, wenn sie die Ersten sind.

Aus dem bisher Gesagten ergibt sich quasi von selbst, dass kein Löwe damit Probleme haben wird, Anschluss zu finden. Er lenkt ja unwillkürlich die Blicke aller auf sich, wo immer er erscheint. Es ist, als ginge die Sonne auf: Natürlich schauen alle dahin. Klar, und jeder will nahe bei einer Sonne sein.

Und wie flirtet der Löwe? Auf der einen Seite majestätisch und stolz, auf der anderen Seite spielerisch veranlagt, flirten Löwen eigentlich sehr gern. Allerdings tun sie es nicht – wie etwa Zwillinge – vornehmlich des Spieles wegen, sondern um ihr Ziel zu erreichen: Sie wollen sich zeigen, gesehen und immer auch ein bisschen bewundert werden. Haben sie einen Mann bzw. eine Frau als potenzielles Sexobjekt im Visier, wird nicht lange herumgetändelt. Schüchternheit und vorsichtiges Annähern gehören nicht zu ihren Spielarten. Sie leben nach der Devise: »Dem Mutigen gehört die Welt.« Sie handeln mit der Gewissheit: »Was ein Löwe haben will, das bekommt er auch.« Und was Herrn und Frau Löwe ganz sicher nicht interessiert, ist ein mimosenhaftes, langweiliges Sensibelchen. Sie wollen einen ebenbürtigen Partner bei diesem schönen Spiel.

Sind Löwen gut im Bett?

Das Liebesspiel mit einem typischen Löwen läuft meistens in drei Phasen oder Stufen ab. Am Anfang geht es ihm, wie weiter oben schon gesagt wurde, um Eroberung, darum, den anderen zu »bekommen«, von ihm zu hören, was für ein toller Löwe er ist, und schließlich mit seiner »Beute« in einem wilden Orgasmus zu verschmelzen – und dann dieses Liebesspiel bis zur Erschöpfung immer aufs Neue zu wiederholen.

In der zweiten Phase hängt alles davon ab, wie spielerisch begabt sich der Partner zeigt. Es ist gleichgültig, was man spielt, das Eroberungs-, das Unterwerfungs-, das »Ich-bin-nicht-zu-haben-«, das Trennungsspiel. Auch Macht-und-Ohnmacht-Spiele, sogar leichte Sadomasonummern können den Löwen bei Laune halten, aber das Ganze muss kreativ sein und die Lust vergrößern. Für richtige Quälereien, gemeine Dominanzspiele oder irgendwelche schrägen Geschmacklosigkeiten hat ein selbstbewusster Löwe allerdings noch nie etwas übriggehabt.

In der dritten Phase spielt sich beim Löwen eine erstaunliche Veränderung ab: Er hat Vertrauen gefunden, er fühlt sich sicher, er weiß, wo er hingehört, er liebt seinen Partner und natürlich auch seine Familie, so er eine hat. Und damit ist sein Liebesbedürfnis weitgehend gedeckt. Er fühlt sich glücklich und zufrieden, er schnurrt. Er braucht nicht mehr. Es ist keineswegs so, dass er nicht bereit wäre, weiterhin Sex zu haben. Aber es ist nicht mehr das Wichtigste. Er »tut es«, um seinem Partner vielleicht eine Freude zu bereiten. Ansonsten ruht der Löwe selbstgefällig und zufrieden und freut sich des Lebens, tauscht Zärtlichkeiten und Liebe aus, aber »tierischen« Sex, so wie am Anfang, gibt es höchstens in Ausnahmesituationen, nach einem tollen Fest etwa oder vielleicht, um dem Partner zu zeigen, dass man immer noch mithalten kann auf der freien Wildbahn.

Sind Löwen gute Partner?

Einmal abgesehen von den bereits erwähnten Wartezeiten, die sich im Laufe einer längeren Beziehung mit einem Löwen bestimmt auf Tage ansammeln, macht eine Beziehung mit dem Herrn bzw. der Herrin der Wüste einfach Spaß.

Das Erstaunliche ist, dass Löwen für ihre Beliebtheit scheinbar nicht viel zu tun brauchen, und oft werden sie von anderen darum beneidet: Sie hätten es gut, sie bekämen alles geschenkt ... Das stimmt so nicht, es geschieht nicht ganz von ungefähr. Löwen sind auch kolossal großzügig und hilfsbereit. Es gibt sicher noch andere typische Tierkreiszeichen, mit denen Hilfsbereitschaft assoziiert wird – Krebse, Fische oder Stiere zum Beispiel –, aber der Löwe bietet seine Unterstützung mit einer derartigen Herzenswärme an, dass man ihn einfach lieben muss.

Dazu kommt, dass er andere gern einlädt, für sie einkauft, sie bekocht und Geld für sie ausgibt. Das alles macht letzten Endes ihre Beliebtheit aus – und nicht allein, dass sie als Löwegeborene auf die Welt gekommen sind. Ausnutzen lassen sich Löwen allerdings nicht. Menschen, die es sich auf ihre Kosten und Anstrengungen bequem machen wollen, haben bei ihnen ganz schnell verspielt, bekommen vielleicht weiterhin dann und wann ein freundliches Wort, aber nicht mehr ihr Herz – und das ist ein schmerzlicher Verlust.

Löwen haben das unbezahlbare Talent, selbst schwere Momente im Leben leichtzunehmen. In ihrer Nähe schmelzen Kummer und Sorgen, sie vertreiben böse Geister und haben ein Herz aus Gold; und wem sie das einmal schenken, der findet darin einen großen, warmen Platz. Gut, es dauert eine Weile, bis sie richtig ja sagen. Schließlich sind sie wilde Tiere, ein König, eine Königin. Aber auch Löwen sind Gott sei Dank bequem, und sie leben im Rudel. In der Wildnis bleiben nur böse und gefährliche Löwen allein – und das ist auch bei den Menschen so. Natürlich ist der Löwe eifersüchtig, aber nicht in dem Maße wie ein Skorpion oder Stier, die darunter leiden, dass ihnen jemand etwas wegnimmt. Der Löwe ist eher enttäuscht und reagiert mit Verachtung. Wie kann sein Partner ihm, dem Löwen, der Krönung der Schöpfung, jemand anderen vorziehen!

Damit sind wir bei einem echten Problem oder »Fehler« von Löwen angelangt: Weil sie so von sich eingenommen sind, kann es ihr Ego meist dann tatsächlich nicht verkraften, wenn sie ein geliebter Partner im Stich lässt. In meiner langjährigen Praxis als Psychotherapeut und Astrologe habe ich es – wenn auch nur am Rande – dreimal miterlebt, dass Menschen infolge einer Trennung buchstäblich verrückt wurden: Alle drei waren Löwen.

Das müssen Herr und Frau Löwe lernen: Sie sind zwar ganz gewiss ein Goldschatz, aber auch ein Goldschatz ist unter Umständen »vergänglich«.

Noch etwas sollte man wissen, wenn man sich mit einem Löwen einlässt: Diese Beziehung kostet. Löwen sind anspruchsvoll. Sie wollen von allem das Bestmögliche – wohlverstanden: Best*mögliche*. Sie können nämlich auch mit einem kleinen Haushaltsgeld auskommen, wenn Not am Mann ist. Aber sie geben aus, was da ist. Sparen ist nun absolut kein Thema von Löwen.

Alles in allem, Löwen sind sehr beziehungs- und bindungsfähig. Sie schließen leicht Kontakte. Haben sie sich einmal für einen Partner entschieden, stehen sie auch uneingeschränkt zu ihm. Lesen Sie mehr darüber weiter unten im Kapitel »Über die Treue der Löwen«.

So hält man Löwen bei guter Laune

In jedem Löwen steckt ein »Lustobjekt«, das gesehen, bewundert, betastet und – das besonders – verschönert, verziert, gekrönt werden möchte. Liebe geht beim Löwen durch das Auge; will man ihm eine Freude machen, braucht man ihm nur etwas Schönes zu schenken. Klar, echt oder originell muss es schon sein. Lieber eine echte Rose als unechten Schmuck. Lieber eine individuelle Kleinigkeit als irgendeine langweilige Massenware, und sei sie noch so kostspielig. Was lässt sich weiter für eines Löwen Glück und Zufriedenheit tun? Seien Sie offen und ehrlich. Wenn er etwas nicht ausstehen kann, dann Heimlichkeiten und Halbheiten. Er nimmt ja selbst

auch kein Blatt vor den Mund. Zornige Löwen besänftigt man am ehesten, indem man wartet, bis sich die heißesten Emotionen gelegt haben. Man kann auch mit einer witzigen, charmanten Bemerkung nachhelfen. Bei allem natürlich vorausgesetzt, dass der Löwe nicht wirklich verletzt ist, denn dann hilft kein Lächeln und kein Betteln; der Löwe grollt, und das kann auch schon mal »für immer« sein. Grundsätzlich aber ist der Löwe nicht nachtragend, er lacht, lebt und feiert viel zu gern, als dass er sich lange über etwas grämen würde.
Machen Sie Ihrem Löwen keine Vorhaltungen, wenn er seinem großen Herzen folgt und statt der nötigen zwei Pfund Brot acht einkauft, wenn er beim Essen immer die teuersten Gerichte mag, wenn er die zwei Häuserblocks mit dem Taxi fährt. In den allermeisten Fällen weiß er instinktiv, wie viel Geld er ausgeben kann. Und ich verrate Ihnen jetzt auch noch ein Geheimnis: Der Löwe lebt nach dem Grundsatz, dass umso mehr zurückkommt, je mehr man ausgibt. Und ich glaube, er hat recht. Knausrigkeit verjagt also nicht nur gutgelaunte Löwen, sondern auch Ihr eigenes Glück.

Über die Treue der Löwen

Untreue ist kein Thema. Wenn sich ein Löwe einmal für einen anderen Menschen entschieden hat, dann steht er zu 99 Prozent dazu. Eine kleine Unsicherheit bleibt allerdings, die hält die Liebe aufregend und lebendig. Sich einem Menschen voll und ganz zu schenken, das würde ein Löwe als Selbstaufgabe und Unterwerfung empfinden.
Aber er hat es nicht nötig, immer wieder Selbstbestätigung zu suchen. Er misst sein Selbstwertgefühl nicht daran, mit wie vielen Menschen er im Bett war. Er braucht auch keinen anderen Partner, wenn der seinige sich einmal zurückzieht oder in einer Krise ist. Er ruht in sich, der Löwe. Und sollte ihm einmal ein anderer Mensch besser gefallen, dann ist das beinah todsicher das Aus für die bisherige Beziehung, und genauso klar ist, dass sich der verlassene Partner etwas hat zuschulden kommen lassen.

So treu er selbst ist, so entschieden verachtet er die Untreue seines Partners. Er ist zwar – großzügig – bereit, einen solchen Fauxpas zu verzeihen, einmal, vielleicht zweimal, aber beim dritten Mal ist er weg, der Löwe: Warum sollte gerade er, ein Mensch, der sein Herz verschenkt, bei jemandem bleiben, der so leichtfertig damit umgeht?

Das Eifersuchtsbarometer

Natürlich ist der Löwe eifersüchtig. Wie kann sein Partner ihm, dem Löwen, der Krönung der Schöpfung, jemand anderen vorziehen!

Es ist also nicht unbedingt der Verlust, der ihn kränkt. Darin unterscheidet er sich etwa von einem Skorpion, einem Krebs oder einem Stier. Diesen dreien bedeutet ihr Partner alles, und ein Verlust ist für sie wie der »Tod«. Beim Löwen geht es viel eher um verletzten Stolz. Aber dieser Stolz kann bei ihm derartige Dimensionen annehmen, dass eine Kränkung, eine Verletzung oder eben ein Verlust ihn genauso an den Rand des Zusammenbruchs treibt.

Damit sind wir bei einem nicht unerheblichen Nachteil oder Fehler von Löwen angelangt: Weil sie so von sich eingenommen sind, kann es ihr Ego meist nicht verkraften, wenn sie ein geliebter Partner im Stich lässt. Das ist vielleicht eine der härtesten Lektionen, die Herr und Frau Löwe verkraften müssen: Sie sind zwar ganz gewiss ein Goldschatz, eine Sonne, ein Juwel, aber auch sie sind »ersetzbar« …

Wie gut Löwen allein sein können

Natürlich ist ein Löwe nicht zum Leuchtturmwärter geboren, er verfügt auch nicht über die richtigen Voraussetzungen, um allein den Nordpol zu überqueren. Aber er kann solo leben, das ist gar keine Frage. Allerdings kommt das sehr selten vor. Dafür ist er zu beliebt, man sucht zu gern seine Nähe. Und es wäre auch schade, wenn dieser sonnige Mensch irgendwo allein auf dem Land lebte oder ohne Begleitung durch die Straßen einer Stadt zöge. Umgekehrt benötigt er ja auch andere Menschen, denn nur die können ihm geben, was er so dringend braucht wie die Luft zum Atmen: Anerkennung, Lob, Bewunderung, Respekt …

Das alles kann sich der Löwe nicht von Bäumen pflücken oder von süßen Hauskätzchen holen. Ich kenne eine Löwefrau, die fünf Pudel hat. Ich treffe sie manchmal, wenn ich mit meinem Hund spazieren gehe. Sie hat mir einmal erzählt, dass sie seit Jahren mit ihren Hunden allein lebe: »Hunde«, meinte sie, »sind viel bessere Menschen!« Aber sie braucht die Menschen dennoch. Es ist überhaupt keine Frage, dass sie just ihretwegen immer genau um die Mittagszeit mit ihren Pudeln Gassi geht. Sie arbeitet nicht, sie könnte auch morgens oder am Nachmittag gehen. Aber wer würde dann diese zierliche Löwin bewundern können – stets im passenden Outfit gekleidet, mit ihren fünf Hunden, die verschiedenfarbige Halsbänder tragen?

Weibliche Löwen auf dem Prüfstand

Natürlich ist die Löwefrau beim Liebesspiel kein süßes Häschen oder gar eine »dumme Gans«. Wozu sollte sie ein Lächeln aufsetzen, wenn ihr nicht danach zumute ist? Oder auf naiv machen, nur weil die Männerwelt nun mal auf derartige Wesen abzufahren scheint? Die Löwin sagt, was sie will, tut, wonach ihr zumute ist, und nimmt sich, was sie möchte – und damit basta! »Zurückhaltung, Bescheidenheit, Schamgefühl« kommen in ihrem Wortschatz kaum vor, genauso wenig wie etwa »Falschheit« oder »Heuchelei«.

Schon als kleines Mädchen war sie die Prinzessin, spielte mit dem Papa, der sie verwöhnte und bewunderte. Mit der Mama stand sie meistens auf Kriegsfuß, denn sie war überzeugt davon, dass sie für ihren Papa eine viel bessere Frau wäre. Je älter sie wird, umso selbstverständlicher lebt sie nach dem Motto einer Löwin, das da lautet: »Kommen, sehen, siegen!« Dabei ist ihr ihre eigene Wirkung in 99 von hundert Fällen überhaupt nicht richtig bewusst. Genau das macht aber ihren Reiz aus: Eine Löwin, die weiß, dass sie attraktiv und etwas Besonderes ist, gerät immer an den Rand

ihres eigenen Schattens, in den Bereich von Arroganz und Überheblichkeit.
In aller Regel hat sie sehr früh einen Freund – oder einen Haupt- und mehrere Nebenfreunde. Zu eng sollte es nicht werden, solange sie jung ist, denn sie ist eine extrem freiheitsliebende Frau, die sich schwer zu dauerhaften Bindungen mit Ewigkeitswert entschließen mag. Am Anfang einer gemeinsamen Beziehung oder Ehe stehen daher auch immer die Koffer noch auf Abruf. Tatsächlich kann eine Löwin innerhalb von einer halben Stunde ihre Siebensachen packen und auf Nimmerwiedersehen verschwinden.
Eine Löwin gewinnt man, indem man sie mit ihren eigenen Waffen schlägt: Ihr Partner muss sich als freiheitsliebender, bindungsscheuer, unabhängiger Mensch präsentieren. Denn genau wie der Löwemann ist auch die Löwefrau eher daran interessiert, Beute zu *machen*, als jemanden zu »*besitzen*«. Oder wie wir zuvor einmal – bildlich gesprochen – gesagt haben: Das Interesse der Katz an der Maus hält sich, solange Letztere »lebendig« ist, sich bewegt und noch davonlaufen kann.
Genauso wie die beiden anderen Feuerladys Widder und Schütze ist auch die Löwin sehr stark, sozusagen die Amazonin unter den Frauen. Sie steht jederzeit ihren Mann, ist praktisch begabt und in technischen Belangen – angeblichen Männerdomänen – fit. Ich sage das alles, um ihren Partner richtig auf sie einzustimmen: Dieser Frau imponiert man nicht, weil man einen Sportwagen fährt oder im Internet surfen kann. Ebenso lässt sie sich nicht durch Geld und Karriere blenden, denn all dies schafft sie auch selbst, wenn sie will. Ihr Mann und Darling muss ihr Herz berühren. Ein bisschen naiv darf er sein, und etwas Besonderes muss er ausstrahlen. Er darf vor allem eines nicht sein: ein Otto Normalverbraucher, ein Mann »von der Stange«. Dass ihr Freund exzentrisch, sogar etwas verrückt ist, das macht die Löwin schwach.

Männliche Löwen auf dem Prüfstand

Bereits seine Mutter hat den Löwemann verhätschelt, und er geht daher ganz selbstverständlich immer davon aus, dass ihn jede Frau bewundert. Fühlt er sich beobachtet (und wer schaut nicht nach diesem Mann?), spielt er sein Repertoire des soften, coolen, charmanten, hitzigen, lässigen Helden. Aber eines ist auch ziemlich klar: Er hält sich für die Hauptfigur und zweifelt keine Sekunde ehrlich und ernsthaft daran, dass die Frau seinetwegen erschaffen wurde. Also machen Sie einen weiten Bogen um ihn, wenn Sie sich gerade einer feministischen Vereinigung angeschlossen haben.

Er ist der Herr und Meister. Das klingt alles furchtbar antiquiert und erinnert ein wenig an die Zeiten der Feudalherrschaft. Und da ist auch etwas dran: Löwen haben einen Stich ins Altmodische. Ein bisschen träumen sie von der guten alten Zeit mit Königin und König, einer Tafelrunde treuer Ritter und einem braven Volk, das vor ihnen auf den Knien liegt. Allerdings verkörpert der Löwemann dann auch die andere Seite der alten Schule: Er kümmert sich um seine Frau. Diesem Mann passt es ebenso ohne weiteres ins Konzept, dass er arbeitet und Geld verdient und seine Frau zu Hause bleibt und den Haushalt versorgt (wovon er selbst natürlich den wichtigsten Teil darstellt).

Letztlich ist es eine Geschmacksfrage, ob man ihn so nehmen kann, wie er ist, oder ihm besser aus dem Weg geht. Nur eines muss man wissen: Ändern kann man keinen Löwen. Dieser Mann ist dermaßen stur, inflexibel, von sich überzeugt, dass man eher die Welt dazu bekommt, andersherum um die Sonne zu laufen, als ihn oder seine Meinung zu ändern.

Kann man als Frau mit seiner Art umgehen, macht man jedoch eine erstaunliche Entdeckung: Er, der Stolze und Erhabene, der Pascha, Macho, Patriarch, Chauvi und Potenzprotz, ist ja dann doch ganz anders, er verehrt seine Frau und kuscht sogar vor ihr. Ich denke daher beim Löwemann gern an das Klischee vom italienischen Mann. Auch er spielt den Sexprotz und Helden, aber gegenüber seiner *mamma*, seiner Frau und sogar seinen Töchtern hat er kaum etwas zu melden.

Wen er am liebsten mag, dieser Mann? Einerseits natürlich Frauen, die so toll sind wie er selbst, Schönheiten, imposante Erscheinungen, Frauen mit Geld, Frauen mit Herkunft und solche mit Zukunft. Auf der anderen Seite liebt er aber auch richtig schüchterne Fräulein, Mauerblümchen, dann nämlich, wenn er spürt, dass er jemanden fördern und aufbauen kann. Denn der Löwemann spielt auch schrecklich gern Mäzen und Sponsor, welche die wahre Größe ihres Schützlings sehen. Und es schmeichelt natürlich ebenfalls seinem Ego, wenn aus einem Mauerblümchen durch die Hilfe des Löwen dann schließlich eine Rose wird.

Seine Favoritin jedoch ist eine geistreiche Lady, ein Typ Lebenskünstlerin, eine Art Avantgardistin, ihrer Zeit voraus, ein bisschen weise – und *very, very special.*

Wie klappt's mit den anderen Sternzeichen?

Sich zu kennen ist erst die eine Hälfte des Wegs zum Glück. Die andere Strecke muss auch noch zurückgelegt werden. Dabei geht es darum, seine Mitmenschen, besonders den Partner – das »Du« –, zu erforschen. Erst wenn man beides kennt, sein »Ich« und sein »Du«, verfügt man über die Voraussetzungen für eine funktionierende Beziehung und ein befriedigendes Liebesleben.
Mit jedem Vertreter des Zodiaks erwartet einen etwas anderes. Man selbst bleibt zwar immer der oder die Gleiche. Aber weil das Gegenüber wechselt, verhält man sich anders, je nachdem, um welches Tierkreiszeichen es sich handelt.
In der Astrologie sind nun bestimmte Erkenntnisse und Regeln zusammengestellt, die dabei helfen können, mit den verschiedenen potenziellen Partnern besser umzugehen, gemeinsam mehr

Spaß zu haben, Konflikte zu vermeiden, erfüllter zu lieben und zu leben und länger zusammenzubleiben.

Zuvor ist jedoch noch etwas Grundsätzliches zu sagen: Viele Menschen haben den Eindruck, der Sternenkunde zufolge gäbe es Kombinationen, die gut funktionieren, und andere, die »floppen«. Das ist so falsch. Es gibt keine Verbindung, die unmöglich ist. Mit anderen Worten, als Löwegeborener kann man mit allen, egal, ob Jungfrau, Wassermann oder Waage. Allerdings verlangt jede Partnerschaft einen bestimmten »Preis«. Bei manchen Kombinationen heißt der Preis Ruhe oder Entspannung, bei anderen braucht man vielleicht mehr Zeit. Auch ist es von Fall zu Fall möglich, dass man mit einem bestimmten Partner in eine Krise gerät und dann etwas unternehmen muss, um sie gemeinsam zu bewältigen. Es gibt keine Beziehung, die nur positiv ist. Es gibt allerdings solche, die bequemer sind als andere. Wer aber will entscheiden, ob Bequemlichkeit in jedem Fall ein erstrebenswertes Gut ist?

Die Astrologie kann dabei helfen, ein erfülltes Leben in der Partnerschaft zu finden. Doch der Mensch verliebt sich – dem Himmel sei Dank – mit dem Herzen. Das Herz ist allemal stärker als irgendwelche Prinzipien, die unter Umständen sogar noch dogmatisch ausgelegt werden. Deswegen sollte man im Zweifelsfall immer auf seine eigene innere Stimme hören, damit nicht aus einer guten Sache, die die Astrologie ja nun mal ist, für Einzelne ein Hindernis auf ihrem Weg zum Glück wird.

Gegensätze ziehen sich an: Löwe und Wassermann

Zwischen dem Löwen und einem Wassermann, seinem Gegenzeichen (man nennt es auch »Oppositionszeichen«), liegt im Tierkreis die größtmögliche Distanz. Das bedeutet symbolisch, dass zwischen beiden der größte Unterschied besteht. Kein Vertreter des Zodiaks unterscheidet sich stärker von Löwen als ein Wassermann. Von daher könnte man annehmen, Löwegeborene hätten mit solchen Menschen wenig zu tun. Aber das ist ein Irrtum. Der Astrologie zufolge sind zwei sich gegenüberliegende Zeichen zwar so verschieden wie Plus und Minus, aber sie ziehen sich auch an wie der positive und der negative Pol eines elektromagnetischen Feldes. Es fließt also sofort »Strom«, wenn sich Löwe und Wassermann begegnen.

Es ist ungefähr so, als würde man auf einer Reise in ein weit entferntes Land Menschen treffen, die zwar völlig anders sind als man selbst, die einen aber faszinieren, interessieren und anziehen – als kennte man sie aus irgendeiner fernen Zeit her ganz genau.
Der Kosmos »will« eben, dass man sich nicht in sein Ebenbild, sondern in seine Ergänzung verliebt. Letztlich sind ja auch Mann und Frau verschieden, und just aus dieser Verschiedenheit heraus erwächst die unwahrscheinliche Spannung, die Gefühle weckt, welche stärker sein können als alles andere auf der Welt.
»Du hast alles, was mir fehlt …!« Das ist die richtige Einstellung zu seinem Kontrapunkt – und: »Zusammen sind wir ganz, so wie zwei Kreishälften einen vollständigen Kreis bilden.« Löwen, die Wassermännern gegenüber eine grundsätzliche Ablehnung hegen, sollten sich dieses astrologische Gesetz der Liebe immer wieder vor Augen halten und in sich hineinspüren. Ganz sicher finden sie eine Resonanz, ein Gefühl von Neugierde und tiefem Interesse, das sie bisher vielleicht nur noch nicht wahrgenommen haben.

Was die Sterne über Löwe und Wassermann sagen

Sie stoßen sich ab, und sie ziehen sich an – dieses Wechselspiel zwischen Sympathie und Antipathie ist nicht leicht. Aber letztlich überwiegt immer wieder die kolossale Attraktion. Beide können wunderbar zusammen leben, lieben und Karriere machen. Sie besitzen auch ein großes Maß an Toleranz und können so das Gefühl von gegenseitiger Gängelei vermeiden. Das erspart ihnen natürlich nicht die Eifersucht, aber instinktiv wissen sie auch, dass sie jeweils der Idealtyp des anderen sind.

Das kleine Liebesgeheimnis

Gegensätze ziehen sich an. Und was am weitesten voneinander entfernt liegt, kann sich auch am nächsten liegen. Liebe ist gerade die goldene Brücke zwischen Gegensätzen. Sie macht uns ganz, weil sie das bringt, was uns selbst fehlt. In der Astrologie heißt es (und dies ist die Botschaft aller esoterischen Lehren), dass jedes Singuläre und Vereinzelte das Bestreben hat, ganz zu werden. Dieser Wunsch kann umso größer sein, je mehr sich der eine Mensch vom jeweils anderen unterscheidet. Und entsprechend stärker ist die Liebe.

Das gilt in besonderer Weise für eine Beziehung zwischen Löwe und Wassermann. Aber das ist auch eine generelle Gesetzmäßigkeit. Denn jeder andere Mensch, gleich, welchen Tierkreiszeichens, wird in irgendeiner Hinsicht ganz anders sein als Sie. Wenn Ihre Herzdame oder Ihr Herzbube ein Wassermann ist, sollten Sie diese Verschiedenheit also nicht von vornherein als Störung und Hindernis betrachten, sondern als Chance, noch tiefer, noch umfassender zu lieben.

Knapp vorbei ist auch daneben: Löwe und Steinbock · Löwe und Fische

In diesem Abschnitt geht es um die Beziehung zu zwei Zeichen, die unmittelbar neben dem Gegenzeichen, dem Wassermann, liegen: um den Steinbock und die Fische. Diese beiden befinden sich also ebenfalls sehr weit vom Zeichen Löwe entfernt.
Man sollte also annehmen, auch zwischen Löwen und Steinbock einerseits und Löwen und Fische andererseits existiere eine ähnliche »Anziehung und Abstoßung«. Aber wieder hat die Astrologie eine Überraschung parat: Diese Beziehungen sind schwierig und funktionieren nur unter Vorbehalt. Die Ursache liegt in der unterschiedlichen Grundstimmung. Löwe ist, was das Element betrifft, ein Feuerzeichen. Steinbock ist ein Erd-, Fische ist ein Wasserzeichen. Zwischen Feuer einerseits und Erde bzw. Wasser anderer-

seits bestehen schwerwiegende Differenzen des Erlebens und Verhaltens.

Man kann sich das wieder ungefähr so vorstellen, als begegnete man auf einer Reise in ein fernes Land Menschen, die allerdings völlig anders sind als man selbst. Aber dieses Andere empfindet man zunächst nicht als reizvoll, anziehend und aufregend, sondern es erweckt erst einmal Vorbehalte und stößt auf Ablehnung. Mit einem Wort, man ist sich fremd und findet auf Anhieb keine Möglichkeit, dieses Befremdliche aus dem Weg zu räumen.

Sollte man dann Menschen mit jenen beiden Tierkreiszeichen meiden? Die Antwort lautet natürlich: »Nein!« Denn es gibt auch zahlreiche Gründe, die *für* eine Beziehung mit ihnen sprechen. So lernt man im Umgang mit derartig fremden Naturellen in der Regel sehr viel mehr als mit solchen, die einem vertraut sind.

Es kommt auch vor – und dies passiert gar nicht so selten –, dass es das eigene Schicksal zu sein scheint, gerade Menschen zu lieben, die aus einer völlig konträren Welt kommen. Zum Beispiel kann es sein, dass es in der Familiengeschichte schon einmal oder mehrmals ein derartiges Zusammenkommen mit Fremden gegeben hat (Eltern oder Großeltern etwa können ebenfalls eine solche Beziehung gehabt haben, so dass man seine eigene Existenz diesem Wagnis verdankt).

Doch wie auch immer, man muss wissen, dass man hier keine leichte und bequeme Lösung gewählt hat und nicht erwarten kann, dass sich diese Beziehung ohne Probleme gestalten wird.

Was die Sterne über Löwe und Steinbock sagen

Mit keinem Zeichen des Tierkreises wird so viel Bewusstsein für Pflichterfüllung und Loyalität assoziiert wie mit dem Steinbock. Und kein anderer Vertreter des Zodiaks sonnt sich gern in seinem Glanz wie der Löwe. Letzterer ist ein Mensch, der aus dem Augenblick heraus lebt, das Dasein nimmt, wie es kommt, und versucht, das Beste daraus zu machen. Der Steinbock geht da ganz anders vor. Er kann beispielsweise heute verzichten, um dafür morgen davon zu profitieren – eine für den Löwen undenkbare Art zu leben.

Des Weiteren geht ein Löwe grundsätzlich den leichten, bequemen und schönen Weg, während der Steinbock die Erfahrung gemacht hat, dass der komfortable Weg nicht unbedingt auch der bessere ist. Er setzt insbesondere dann auf Hartnäckigkeit und Ausdauer, wenn es um Karriere und Erfolg geht. Der Steinbock kann spartanisch leben, und der Löwe braucht einen gewissen Luxus. Der eine möchte sparen, der andere gibt gern aus. Und sogar beim Quantum Liebe und Zärtlichkeit bestehen verschiedene Maßstäbe: Der Löwe ist der Überzeugung: »Je mehr, umso besser!« Der Steinbock hingegen argwöhnt, dass zu viel Zuwendung letztlich den Charakter schwächen könnte.
Hier kommen also zwei Menschen mit verschiedenen Grundbedürfnissen zusammen. Ob nun der Steinbock seinen Ehrgeiz dafür einsetzt, um die hochgespannten Daseinsansprüche des Löwen zu erfüllen, oder ob sich die zwei in ihrer Verschiedenheit entgegenkommen – das steht letztlich nicht in den Sternen, sondern liegt an der Liebe und der Bereitschaft der beiden Menschen selbst.

Was die Sterne über Löwe und Fische sagen

Der Löwe ist das fünfte Zeichen im Tierkreis, die Fische sind das zwölfte und letzte. Entsprechend erlebt sich der Löwe in der Mitte des Lebens, das er in vollen Zügen zu genießen sucht. Wohin sein Erdendasein ihn irgendwann einmal führen wird, interessiert ihn hier und jetzt eher wenig; das heißt, er entwickelt aus seiner bejahenden Grundeinstellung heraus normalerweise nur positive und glückliche Lebensziele.
Typische Fische hingegen sind einfühlsame Träumer. Sie können sich überall an Gegebenheiten anpassen, und vielfach wissen sie deswegen nicht so richtig, wer sie eigentlich selbst sind. Ein Fischegeborener kennt das Leben, er weiß in seiner tiefsten Seele, dass alles letztlich dahin gehend ausgerichtet ist, loszulassen. Er gleicht daher ein wenig dem Mönch, der dem Weltlichen entsagt, wohingegen der Löwe dem Klischee eines Kaufmanns bzw. Lebemanns ähnelt.
Trotz der kolossalen Unterschiede und zuweilen großen Schwie-

rigkeiten in der Beziehung führen Vertreter dieser beiden Tierkreiszeichen häufig alles in allem eine erfüllte Partnerschaft. Beide sind nämlich sehr tolerant und großzügig und können den anderen so lassen, wie er eben ist.

Durch den Fischegeborenen lernt der Löwe, sensibler für die Belange der Menschen in seiner Umgebung zu werden, und umgekehrt zeigt der Löwe dem Fischepartner, wie er seine eigenen berechtigten Ansprüche auch in der Praxis »anmelden« kann.

Das kleine Liebesgeheimnis

Wenn Sie als Löwegeborene(r) jemanden kennen oder lieben, dessen Tierkreiszeichen Steinbock oder Fische ist, dann sollten Sie sich sagen, dass es bestimmt Gründe gibt, warum Sie gerade diesem Menschen begegnet sind. Lernen Sie von ihm, dass das Fremde kein Hinderungsgrund für eine tiefe Liebe sein muss. Gehen Sie davon aus, dass Sie zusammen einen zwar schwierigen, aber unglaublich interessanten Weg einschlagen können.

Versuchen Sie immer wieder, die Situation aus den Augen dieses anderen Menschen zu betrachten, sie mit seinen Ohren zu hören und mit seinen Gedanken zu erfassen. Lernen Sie dadurch eine Welt kennen und lieben, von der Sie sonst vielleicht kaum je etwas erfahren hätten.

Ein Vertrauter in der Fremde: Löwe und Widder · Löwe und Schütze

Zwischen dem Tierkreiszeichen Löwe und den beiden Abschnitten Widder und Schütze besteht auf dem Zodiak eine relativ große Distanz. Man könnte daher vermuten, dass auch Widder- und Schützegeborene mit Löwen nicht so leicht warm werden und dass eine Liebesbeziehung, wenn überhaupt, nur unter großen Schwierigkeiten und mit zahlreichen Hindernissen möglich ist. Aber nach astrologischen Erkenntnissen verhält es sich genau umgekehrt. Löwe und Widder bzw. Schütze verstehen sich in der Regel auf Anhieb und können ohne weiteres eine lebenslange, erfüllte Beziehung führen.

Es ist, als würden wir auf der bereits erwähnten vorgestellten

Reise weit in der Ferne plötzlich jemanden treffen, der aus derselben Stadt kommt und dieselben Menschen kennt wie wir. Man fühlt sich sofort verstanden, hat Gesprächsstoff und ist glücklich, in der Fremde jemandem zu begegnen, der die gleiche Sprache spricht. Das schafft von vornherein Vertrauen, Sicherheit und Nähe.
Der Astrologie zufolge kommen diese Tierkreiszeichen besonders gut miteinander aus und können langjährige Beziehungen eingehen. Ja, es ist eine der klassischen Beziehungen für eine Heirat und Familiengründung.

Was die Sterne über Löwe und Widder sagen

Der natürliche Löwe ist, nach menschlichen Maßstäben, eine majestätische Großkatze, weswegen er ja als »König der Tiere« bezeichnet wird. Auch die Vertreter des Tierkreiszeichens Löwe spielen in der Liebe grundsätzlich die Hauptrolle und beanspruchen Bewunderung vom anderen Geschlecht. »Der König und sein Ritter« – so könnte eine Beziehung zwischen einem Löwen und einem Widder betitelt werden.
Ihre Gemeinsamkeiten sind Mut, Kampfgeist, Wille, Enthusiasmus, Freude am Sex und feurige Leidenschaft. Sicher kommt es trotzdem zuweilen zu heftigstem Macht- und Rivalitätsgerangel, aber der Löwe ist eines der wenigen Tierkreiszeichen, denen sich der Widder unterordnen kann.
Schwierigkeiten können sich ergeben, wenn die beiden Mühe haben, sich mit den Gegebenheiten des Alltags auseinanderzusetzen, denn sie leben und lieben nun einmal lieber, als zu arbeiten. Auch beansprucht diese Partnerschaft ein bestimmtes Quantum an Luxus. Wird es eng, fehlt es an Geld und freier Zeit, verliert die Beziehung oft ihren strahlenden Glanz, und man fängt an, sich gegenseitig mit Kleinigkeiten zu piesacken. Häufig ist es dann das erste Kind, das dieser Beziehung die Kraft verleiht, Alltag und Lust, Liebe und Pflicht miteinander zu verbinden.

Was die Sterne über Löwe und Schütze sagen

Der Schütze ist der geborene Idealist. Er sucht das Abenteuer und scheut sich oft, eine Ehe oder eine feste Bindung einzugehen, weil er dies als »Fesselung« interpretiert. Auch der Löwe steht einer endgültigen Festlegung zunächst skeptisch gegenüber, aber eher deswegen, weil es ihm nicht behagt, gegängelt zu werden und Kompromisse einzugehen.

In einer solchen Verbindung treffen also zwei Individualisten, Feuerzeichen, starke Persönlichkeiten, ausgeprägte Charaktere aufeinander, die sich gut verstehen und gegenseitig fördern. Beide sind sich ebenbürtig und sehr ähnlich. Sie neigen zu großen Plänen und kochen nicht gern auf kleiner Flamme. Allerdings besitzen beide auch ein ziemlich »dickes Ego«, das heißt, sie sind stolz und nicht gerade wenig von sich selbst eingenommen: Sie sonnen sich gern im eigenen und im Glanz des jeweils anderen. Der Löwe ist dabei zwar selbstbewusster und selbstsicherer als der Schütze, dieser fühlt sich aber wiederum dem Löwen insofern überlegen, als er viel weiter im Tierkreis »fortgeschritten« ist und das, was der Löwe in diesem Leben gerade erfährt, bereits als Erfahrung in sich trägt.

Beide Menschen versuchen, sich in der Kunst des guten und erfolgreichen Lebens möglichst zu übertreffen. Aber es fehlt der Widerspruch und damit die Spannung, die eine Partnerschaft auf Dauer lebendig hält. Daher sollte man nicht auch noch bestehende kleine Unterschiede und Spannungen großzügig überspielen, sondern den Zeigefinger darauf legen und sie aufarbeiten.

Das kleine Liebesgeheimnis

Wenn Sie als Löwegeborene(r) jemanden kennen oder lieben, dessen Tierkreiszeichen Widder oder Schütze ist, dann können Sie sehr glücklich sein. Sie haben einen Menschen an Ihrer Seite, der beides mitbringt: genügend Ähnlichkeit und Übereinstimmung einerseits und ausreichend Unterschiedliches und Fremdes andererseits. Ihre Beziehung wird nicht langweilig und einschläfernd.

Sollten Sie dennoch einmal über Eintönigkeit klagen, dann brauchen Sie nur gemeinsam Ihre Siebensachen zu packen und zu verreisen. Sobald Sie Ihre gewohnte Umgebung verlassen, Grenzen überschreiten, gemeinsam in einem Hotelbett liegen, kommen Liebe und Leidenschaft zurück – und es ist wie am allerersten Tag.

Das verflixte Quadrat: Löwe und Stier · Löwe und Skorpion

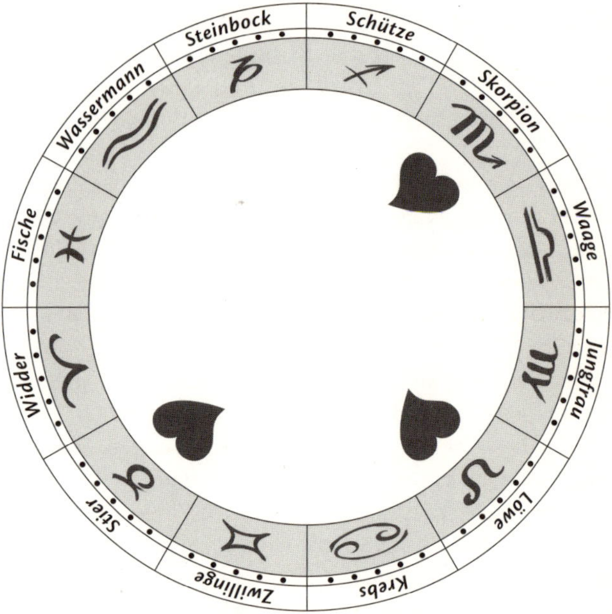

Eine Frau betritt einen Raum, ein Café zum Beispiel, in dem sie noch nie war, was schon von vornherein leicht befremdliche Gefühle und Unsicherheit bei ihr ausgelöst hat. Sie freut sich, da sie einen leeren Tisch sieht, und setzt sich dorthin. Doch dann bemerkt sie aus den Augenwinkeln heraus, dass jemand sie von der Seite anschaut. Sie blickt schnell hoch, doch der (oder die) andere sieht weg. Sobald sie sich aber wieder mit der Speisekarte oder einer Zeitschrift beschäftigt, wiederholt sich das Spiel: Die Frau fühlt sich beobachtet. Dieser Mensch beginnt ihr auf die Nerven zu gehen, aber da ist auch eine gewisse Neugierde, wer denn diese andere Person sein mag. Kennen sie sich vielleicht von

irgendwoher? Ob alles auf einer Verwechslung beruht? Oder ob der andere vielleicht schräge Absichten hegt?
Ungefähr so gestaltet sich die Kontaktaufnahme zwischen dem Zeichen Löwe und jenen, die im Zodiak in einer quadratischen Beziehung (einem Winkel von 90 Grad) zu ihrem Zeichen stehen, also Stier und Skorpion. Es besteht Interesse und Ablehnung zugleich. Man kennt sich, ohne zu wissen, woher. Man ist interessiert und irritiert, weiß nicht, ob man bleiben oder gehen soll.
Der Astrologie zufolge sind Beziehungen auf der Basis eines Quadrats sehr schwierig, sie stehen unter Spannung, erzeugen Konflikte, schaden der Liebe, stören sie, führen zu einer Trennung oder lassen überhaupt keine Bindung zu. Sollte man dann nicht um solche Tierkreiszeichen besser einen weiten Bogen machen?
Das kann man so nicht sagen. Das Herz entscheidet sich, wie wir wissen, manchmal gerade für einen derartigen Partner. Es funktionieren auch zahlreiche solcher Liebesbeziehungen. Manche halten sogar ein ganzes Leben lang. Aber sie sind nicht einfach. Mit einem Stier- oder Skorpionpartner werden Löwen das Gefühl nie ganz los, dass sie sich nicht entspannen, sich nicht völlig gehen lassen können. Ein bisschen sieht immer alles nach Arbeit und nach Problembewältigung aus. Hier soll eine schicksalhafte Aufgabe gelöst werden.
Das ist meist auch der tieferliegende Sinn einer derartigen Beziehung. Man muss etwas lernen, bewältigen, in Ordnung bringen. Es gibt Astrologen, die behaupten, solche Bindungen hätten bereits in einem früheren Leben existiert. Damals aber habe man Fehler gemacht, sich nicht respektiert oder was auch immer. Daher müsse man in diesem Leben wieder zusammenkommen, um etwas gutzumachen. Wer weiß …?
Sicher ist, dass Löwen mit einem Stier- oder Skorpiongeborenen etwas lernen. Sie können auch gar nicht anders, wenn ihre Beziehung Bestand haben soll. Eine derartige Partnerschaft ist sogar vorzüglich dafür geeignet, sich persönlich zu entwickeln, aber

auch Karriere zu machen. Unbewusst »schiebt« einen der andere sozusagen regelrecht auf der Karriereleiter aufwärts. Es kann natürlich genauso gut umgekehrt sein, dass Löwen ihren Partner nach oben puschen. Die Karriere bzw. der Beruf ist dann etwas, woran sich die Spannung innerhalb einer »Quadratbeziehung« entladen kann.

Eine andere Möglichkeit ist die, dass Paare mit einer derartigen Tierkreiszeichen-Konstellation Kinder bekommen, die dann (auf positive Weise) ebenfalls als »Spannungslöser« wirken. Auch ein guter Freund oder enger Bekannter, sogar ein Haustier wie ein Hund oder eine Katze können diese Rolle übernehmen.

Was die Sterne über Löwe und Stier sagen

Die erotische Anziehung zwischen den beiden ist kolossal. Mit ihrer Sinneslust können sie Tage und Nächte miteinander verbringen, ohne zu ermüden. Bestünde das Leben nur aus Eros, es gäbe kein besseres Paar.

Aber sobald es um Absprachen und lebenspraktische Gemeinsamkeiten geht, prallen die Unterschiede aufeinander – und können, wenn man nicht darauf achtet, mit der Zeit die Liebe zerstören: Der Stier findet seinen höchsten Genuss im Erwerben, Behalten und Vermehren. Dem Löwen hingegen macht nichts mehr Freude, als wenn er seinen Reichtum ausgeben und auf großem Fuß leben kann. Auch beim Thema Sicherheit ist man ganz unterschiedlicher Auffassung. Der Löwe ist ein Rudeltier und fühlt sich sicher, wenn das Leben auf verschiedene Schultern verteilt ist. Seine Lebensphilosophie lautet: Wenn man hat, gibt man; dafür bekommt man, wenn man darbt. Ganz anders der Stier, der – obwohl auch ein »Herdentier« – sich die Sicherheit immer selbst schaffen will und daher sagt: Sammle, wenn du kannst, dann ist auch in kargen Zeiten genug vorhanden.

Ähnlicher und zugleich verschiedener als typische Vertreter dieser beiden Tierkreiszeichen können zwei Menschen also nicht sein. Zwar wollen beide das Leben genießen, mit jeder Faser ihres Seins, mit sämtlichen Sinnen, mit allem, was es bietet. Aber der

Stier findet seinen höchsten Genuss im Erwerben, Behalten, Vermehren, wohingegen der Löwe davon ausgeht, dass der Energie- und damit auch der Geldstrom umso reichhaltiger in die eigene Richtung fließt, je mehr man von sich gibt.

Was die Sterne über Löwe und Skorpion sagen

Eine Verbindung zwischen Vertretern dieser beiden Tierkreiszeichen ist mit Bestimmtheit eine spannungsgeladene und leidenschaftliche Beziehung. Beide haben einen starken Bezug zur Sexualität und zur Macht. Der Skorpion bringt seine Ansprüche allerdings auf indirekte Weise zum Ausdruck, während der Löwe dies mit einer geradezu verblüffenden Offenheit vollzieht.

Aber auch sonst sind diese beiden Menschen recht unterschiedlich, ja, in manchen Dingen wie Tag und Nacht, Licht und Schatten. Ganz tief in ihrem Unterbewusstsein spiegeln sie sogar die Polarität zwischen Leben und Tod. Denn der Löwe fühlt sich zutiefst als Vertreter des Lebens und der Sonne als lebenspendender Kraft. Der Skorpion hingegen weiß um die Themen Tod und Vergänglichkeit und sucht daher einen tieferen Sinn hinter dem Leben.

Vergessen die zwei ihren Respekt voreinander oder verdrängen sie ihre Angst, ist die Partnerschaft ein einziger Machtkampf: zwei Sturköpfe, zwei Hardliner, die sich das Leben schwermachen und auch vor Bosheiten und Gemeinheiten nicht zurückschrecken. Einen Sieger gibt es in solcherart Zweisamkeit nie, sie endet immer remis oder im schlimmsten Fall für beide ruinös. Positiv umgesetzt, verhilft diese Beziehung allerdings dem Löwen, seine Motive zu hinterfragen. Dadurch wird er noch stärker. Für einen Skorpion wiederum ist die Nähe eines Löwen ausgesprochen wohltuend, wärmend und beruhigend.

Das kleine Liebesgeheimnis

Wenn Sie als Löwegeborene(r) einen Menschen kennen oder lieben, dessen Tierkreiszeichen Stier oder Skorpion ist, haben Sie einen eher schwierigen Partner gewählt. Aber das muss in gar keiner Weise etwas Negatives sein. Wer will beurteilen, ob Beziehungen immer locker und leicht sein sollen? Lernen wir nicht alle aus dem, was schwierig, problematisch, unangenehm ist? Und das bedeutet ja auch keineswegs, dass Sie mit einem derartigen Partner nicht auch Ihr Glück finden.

Nur Folgendes sollten Sie wissen: Diese Beziehung braucht Kraft und Mut. Sie ist keine Angelegenheit, die so nebenbei läuft. Sie müssen sich immer wieder auseinandersetzen, zueinanderfinden, Ihre Unterschiede betonen und dennoch kompromissbereit sein.

Und Sie dürfen eins niemals vergessen: Sie sind diese Beziehung freiwillig eingegangen, Sie können sie notfalls auch wieder beenden. Es ist Ihre immer wieder neue Entscheidung (und natürlich auch die Ihres Partners), ob Sie zusammenbleiben wollen. Sie müssen sich nicht bis zur Selbsterschöpfung aufreiben.

Gute Freunde und mehr: Löwe und Zwillinge · Löwe und Waage

Die beiden Tierkreiszeichen Zwillinge und Waage sind dem Abschnitt Löwe sehr nah, lediglich ein einziger Abschnitt des Zodiaks liegt jeweils dazwischen. Von daher darf man erwarten, dass es sich bei einem Zwillinge- oder Waagepartner um jemanden handelt, der ähnlich ist, die gleichen Anschauungen hat und so denkt und fühlt wie man selbst. Es ist ungefähr so, als würde man jemanden kennenlernen, der in unmittelbarer Nachbarschaft wohnt, in dieselbe Schule geht oder im selben Betrieb arbeitet.

Trotzdem unterscheidet sich dieser Mensch von Löwegeborenen in einem wesentlichen Punkt: Löwen sind vom Element her Feuer;

Zwillinge bzw. Waage jedoch sind Luftzeichen. Die Elemente Luft und Feuer ergänzen sich. Insofern teilen Löwen mit ihnen viel Ähnliches und Verwandtes, aber es gibt auch mehr als genügend Unterschiedliches, so dass es sehr reizvoll ist, einander näher kennenzulernen. Und der Astrologie zufolge gehören diese Beziehungen zu den bestmöglichen!

Was die Sterne über Löwe und Zwillinge sagen

Löwen sind selbstbewusst und lieben sich, wie sie eben sind. Neben ihnen haben Zwillinge von vornherein schlechtere Karten. Bewusst oder unbewusst spüren sie die Überlegenheit des anderen. Manche Zwillinge können damit prima leben, denn sie haben einen Partner gefunden, auf den sie stolz sind, den sie vergöttern und auf Händen tragen. Kann man mit Löwen nicht wunderbar ausgehen, und wird man nicht überall bewundert? Im Glanz von Löwen können sich auch Zwillinge sonnen und gewinnen selbst an Ausstrahlung.

Umgekehrt gehören in den »Hofstaat des Königs im Zodiak«, des Löwen, einfach Zwillinge. Sie sind wunderbare Freunde, Unterhalter und Liebhaber. Da ihr Element Luft ist, besitzen sie darüber hinaus genau den Stoff, den das Feuerzeichen Löwe benötigt, damit seine Flamme lodern kann.

Eine Verbindung zwischen den beiden Tierkreiszeichen bringt aber auch einiges an Spannungspotenzial mit sich. Es gibt Zwillinge, die dem Löwen seine Größe verübeln und heimlich mit ihm rivalisieren. Sie stellen sich die Frage, ob sie auf Dauer bereit sind, stets sein Bote zu sein. Dann ist das Klima vergiftet. Zum anderen besteht eine Tendenz, dass der Löwe zu hohe Lebensziele steckt oder zu verschwenderisch lebt. Nur ein offenes Gespräch kann hier Abhilfe schaffen.

Letztlich wird es dabei darum gehen, dass der Zwillingepartner es annehmen kann, neben einem derartig selbstbewussten Menschen zu leben, aber genauso, dass der Löwe sich vor allzu viel Selbstgefälligkeit hütet.

Was die Sterne über Löwe und Waage sagen

Diese Beziehung ist fast zu schön, um wahr zu sein. Denn beide, sowohl der Löwe als auch die Waage, sind schon allein besondere Menschen, die sich selbst überaus wichtig nehmen und gern bewundern lassen. Kommen sie nun zusammen, verdoppeln sich natürlich sämtliche Besonderheiten.

Bestimmt ist die Wohnung der beiden ein Traum. Und ihre Kinder sind lauter süße Wonneproppen. Keine Frage, jedermann fühlt sich bei ihnen wie zu Hause und wird großzügig verwöhnt. Beide ergänzen sich und machen sich darüber hinaus noch Geschenke: Dem Löwen kommen die diplomatischen Fähigkeiten der Waage zugute, und er kann mit ihrer Hilfe seine Fixiertheit auflösen. Die Waage wiederum profitiert vom Löwen, der ihr manche Entscheidung abnimmt und sie darüber hinaus lehrt, dass das Leben nicht nur aus Kompromissen besteht.

Wie bei allem Schönen und Wundervollen besteht bei dieser Beziehung allerdings auch die Gefahr, einzuschlafen, sich an die Fülle zu gewöhnen. Es kann sein, dass dieses Paar zu viel Energie für sein äußeres Erscheinungsbild verwendet, dabei aber zu wenig auf die innere Dynamik eingeht. Dies hat womöglich die unerwünschte Folge, dass die Zeit, in der die beiden zu zweit allein sind, zu einer Ödnis der Langeweile ausartet. Etwas Aufregung, vielleicht sogar ein kleiner Konflikt von Zeit zu Zeit kann daher regelrecht hilfreich sein.

Das kleine Liebesgeheimnis

Wenn Sie als Löwegeborene(r) einen Zwillinge- oder Waagegeborenen kennen, haben Sie einen für Sie idealen Partner gefunden. Sie werden sich prima verstehen, und Sie haben einen Menschen an Ihrer Seite, auf den Sie sich verlassen können.

Gelegentlich aufkommende Langeweile oder Disharmonien können Sie immer aus der Welt schaffen, indem Sie gemeinsam etwas unternehmen. Aber Sie sind »Freunde«, vergessen Sie das nie! Freunde versuchen sich nicht zu gängeln und auch nicht zu betrügen. Solange Sie diese Spielregel beachten, leben Sie in einer glücklichen Partnerschaft, die durch Kinder noch stabiler und erfüllter werden wird.

(Nicht immer) gute Nachbarn: Löwe und Krebs · Löwe und Jungfrau

Die beiden Tierkreiszeichen Krebs und Jungfrau liegen auf dem Zodiak unmittelbar neben dem Löweabschnitt. Von daher erwartet man vielleicht, dass man sich – wie es bei »richtigen« Nachbarn auch sein sollte – wunderbar versteht.

Einerseits trifft das sicher zu: Die Kombination von nebeneinanderliegenden Tierkreiszeichen ist tatsächlich häufig, und diese Beziehungen sind oft sehr befriedigend. Beide Partner haben das Gefühl, dass sie zueinander gehören, und fühlen sich, wenn sie sich kennenlernen, sehr schnell vertraut – so als wären sie uralte Bekannte, vielleicht sogar noch mehr, Geschwister zum Beispiel.

Aber das ist nur die eine Seite der Medaille. Wie es bei besagten »richtigen« Nachbarn oder Geschwistern bekanntermaßen auch vorkommt, entsteht schnell das Gefühl von Konkurrenz, Neid und Eifersucht. Es ist, als müsste sich jeder dem anderen gegenüber behaupten und besser, unabhängiger, liebevoller oder sonst was sein. Insbesondere die Unterschiede werden dabei zu stark hervorgehoben. Solche Differenzen bestehen ja in der Tat, aber sie sind etwas ganz Normales. Denn beim Löwen handelt es sich um ein Feuerzeichen, während die beiden Nachbarn den Elementen Wasser (Krebs) bzw. Erde (Jungfrau) zugeordnet sind.
Man ringt also um Abgrenzung und Individualität: Bei Geschwistern entwickelt man sich ab einem bestimmten Alter auseinander, aber keineswegs, weil man sich nicht mehr liebt, sondern weil man eigene Wege gehen muss und zu viel Nähe und Vertrautheit einen daran hindern würden. Ähnliches kann in einer Partnerschaft geschehen. Zwei Vertreter von Tierkreiszeichen, die nebeneinanderliegen, können zuweilen sogar recht niederträchtig miteinander umspringen. Hier gilt es, beizeiten zu lernen, sein Bedürfnis nach Abgrenzung auf positive Weise auszuleben. Denn nur dann, wenn man seine Individualität pflegt, ohne den anderen zu diskriminieren, gibt es eine glückliche Zweisamkeit, die Bestand hat.

Was die Sterne über Löwe und Krebs sagen

Die Sonne ist ein Sinnbild des Löwen, der Mond ist wiederum im Krebszeichen zu Hause. Und so, wie Sonne und Mond aus Sicht der Erde »zusammengehören«, so sind auch Vertreter der Tierkreiszeichen Löwe und Krebs ein besonderes Paar.
Das Gemeinsame sind starke Emotionen, die beim Krebs innerlich und beim Löwen theatralisch zum Ausdruck kommen. In einer Verbindung treffen »klassisch männliche« (Sonne) auf »klassisch weibliche« (Mond) Eigenschaften. Ist die tatsächliche Geschlechtsverteilung entsprechend, handelt es sich hier meist um ein Paar, das sich ideal ergänzt.

Probleme ergeben sich oft, wenn dies nicht der Fall ist; das heißt, wenn ein Krebsmann eine Verbindung mit einer »Löwin« eingeht. Ist er bereit, ihr die Führung zu überlassen? Schätzt die Löwefrau seine Fürsorge? Es kommt sehr wahrscheinlich zu Spannungen und Missverständnissen, bei deren Überwindung das Wissen um den astrologischen »Hintergrund« sehr hilfreich sein wird.

Was die Sterne über Löwe und Jungfrau sagen

Wenn sich die Jungfrau der Liebe öffnet, so sind ihre Gefühle tief und innig. Selbst stets bereit, ihren Mitmenschen helfend zur Seite zu stehen, neigt sie dazu, sich einen Partner zu suchen, der all das tut, was sie sich nicht erlaubt.

Im Löwen findet sie diesen Menschen: stark, selbstbewusst, großzügig, während sie eher unsicher ist und sich allzu viel Lust und Luxus versagt. Den Löwen bewundert sie also – aber er flößt ihr auch Angst ein, weswegen diese Kombination von Tierkreiszeichen nicht allzu oft existiert. Der Löwe wiederum spürt instinktiv, dass die Jungfrau etwas hat, was ihm fehlt: Geduld, ein Wissen über den Augenblick hinaus und ein adäquater Umgang mit den Ressourcen des Lebens. Auf der anderen Seite lässt ihm die Kritiksucht der Jungfrau die Haare zu Berge stehen.

Kommen diese Sternzeichen zusammen, schenkt der Löwe der Jungfrau Wärme, und sie lernt durch ihn, dass das Leben nicht nur aus Pflichten besteht. Die Jungfrau wird ihre Dankbarkeit zeigen, indem sie umsichtig für ihn sorgt. In der negativen Version dieser Kombination allerdings hat der »Pascha« endlich seine »Dienerin« gefunden.

Das kleine Liebesgeheimnis

Mit einem Krebs- oder Jungfraupartner haben Sie als Löwegeborene(r) einen wunderbaren Menschen an Ihrer Seite: Seine Welt ist Ihnen vertraut, er ist wie ein guter Bruder oder eine liebevolle Schwester zu Ihnen, er wird auf Sie aufpassen und Ihnen das Gefühl von Geborgenheit schenken – und genauso verhalten Sie sich umgekehrt ihm gegenüber.

Sie müssen aber wissen, dass Sie sich unter Umständen **zu** *nahe sind, weswegen sich Ihre Unterschiede nicht richtig entfalten können. Eine derartige Beziehung geht nur dann gut, wenn Sie sich Ihre natürliche Verschiedenheit zugestehen und trotz Ihrer großen Nähe immer wieder ganz andere Wege gehen. Kultivieren Sie Ihren Unterschied! Lassen Sie nicht zu, dass Sie sich noch ähnlicher werden! Unternehmen Sie immer wieder einmal etwas allein – das hilft Ihrer Liebe.*

Wenn es zu Konflikten kommt, ist es wichtig, dass Sie Differenzen herausarbeiten und sie sich auch gegenseitig zugestehen.

Ich liebe ... »mich«: Löwe und Löwe

Eine Beziehung zwischen Menschen mit dem gleichen Tierkreiszeichen ist so eine Geschichte für sich. Zum einen hat man seinen »Zwillingsbruder« bzw. seine »Zwillingsschwester« gefunden, und man kennt den anderen wie sich selbst. Man ist sich vertraut, denkt, fühlt, handelt genauso, und das kann wunderschön sein. Manchmal versteht man sich sogar ganz ohne Worte. Beim Thema Sex zum Beispiel scheint der andere genau die Wünsche zu erraten, die man selbst immer träumt.

Auf der anderen Seite kann man sich auch *zu* ähnlich sein. Menschen haben nicht nur ein Bedürfnis nach Nähe, Ähnlichkeit und Verständnis, sondern auch nach Individualisierung, nach Abgrenzung, nach dem Anderssein. Und genau dieses Bedürfnis

»stört« in Beziehungen mit dem gleichen Tierkreiszeichen normalerweise früher oder später die Liebe. Es kommt dann zu der paradoxen und absurden Situation, dass zwei Menschen, die sich im Grunde eigentlich so gleichen wie ein Ei dem anderen, plötzlich ihre Unterschiede betonen, als kämen sie von zwei verschiedenen Planeten, und sich am Ende überhaupt nicht mehr verstehen.
Wozu sollte man dann eine derartige Beziehung überhaupt eingehen? Nun, wie gesagt hat man ja erstens oft gar keine andere Wahl, weil das Herz (Gott sei Dank!) allemal stärker ist als irgendwelche Theorien. Und zweitens ist eine Beziehung mit einem Menschen desselben Tierkreiszeichens sehr wohl ein Gewinn. Infolge der ständigen Auseinandersetzung mit dem »Doppelgänger« kann man nämlich damit beginnen, seine eigenen Qualitäten stärker zu erleben. Das ist insbesondere für diejenigen wichtig, die ihre Stärken und Schwächen nicht richtig kennen. Genauso bedeutsam ist ein anderer Aspekt: Wer einen Partner mit demselben Tierkreiszeichen liebt, kommt vielleicht auf diesem Weg auch zur Liebe zu sich selbst.

Was die Sterne über Löwe und Löwe sagen

Es scheint, dass sich Löwen gegenseitig anziehen und bevorzugen, denn es existieren viele solcher Beziehungen. Allerdings setzt eine derartige Partnerschaft auch voraus, dass jeder dem anderen eine Vormachtstellung (sozusagen das Geburtsrecht eines jeden Löwen) einräumt. Umgekehrt ist diese Beziehung ein einziges Machtgerangel, wenn einer der beiden – meistens ist es der Mann – sich als Oberhaupt fühlt und auch so aufführt.
Ich kenne zum Beispiel ein Schauspielerehepaar mit dieser Kombination, deren Partnerschaft funktioniert. Beide holen sich auf der Bühne, was sie als Löwen brauchen: nämlich Erfolg. Zu Hause hat jeder sein Reich, und wenn sie zusammenkommen, fühlt sich keiner dem anderen über- oder unterlegen. Es ist eine wirklich starke und liebevolle Beziehung, und es scheint, dass jeder Einzelne von der Stärke des anderen zusätzlich profitiert.

Das kleine Liebesgeheimnis

Eine Beziehung zweier Menschen mit dem gleichen Tierkreiszeichen wird in aller Regel nach einer anfänglichen Phase kolossaler Euphorie mit Schwierigkeiten konfrontiert. Es geht dann darum, das Gemeinsame und das Unterschiedliche auseinanderzuhalten und sich nicht in extremen Positionen zu verlieren. Für eine derartige Beziehung ist es besonders wichtig, Unterschiede wohlwollend zu akzeptieren und sich gegenseitig möglichst viele Freiräume zuzugestehen.

Ganz falsch wäre es allerdings, wenn die Partner versuchten, noch mehr Ähnlichkeiten herzustellen, zum Beispiel indem sie miteinander arbeiten oder jede freie Stunde gemeinsam verbringen.

Der Löwe und seine Gesundheit

Seit über zweitausend Jahren existiert eine systematische astrologische Gesundheitslehre, und bis weit über das Mittelalter hinaus bedienten sich die meisten Ärzte dieser Systematik, um Krankheiten zu diagnostizieren und zu heilen. Ein guter Arzt war früher immer auch ein Astrologe. Seine Diagnose und Behandlung richtete sich nach den Sternen. Nie wäre einem damaligen Medicus eingefallen, einen Eingriff am Körper vorzunehmen, ohne die Konstellation der Sterne zu konsultieren. Erst im Zusammenhang mit dem in der Einleitung erwähnten Niedergang der Astrologie ab dem 16. bzw. 17. Jahrhundert trennte sich die Medizin von der Astrologie. In jüngster Zeit allerdings beginnen immer mehr ganzheitlich denkende Ärzte, sie wieder mit einzubeziehen, wenn es um Vorbeugung, Diagnose und Behandlung geht – und die Erfolge geben ihnen recht. Dass man zum Beispiel Operationen oder Zahnextraktionen besser bei abnehmendem Mond vornimmt, ist heute eine weitverbreitete Erkenntnis, was nicht nur viele Patienten wissen, sondern auch immer mehr Ärzte berücksichtigen. Ebenso findet die allgemeine astrologische Gesundheitslehre, wonach jedem Sternzeichen bestimmte Krankheitsdispositionen zugeordnet werden, bei immer mehr Menschen Beachtung. Ich bin überzeugt von ihr. Wer sich nach ihr richtet, bleibt länger gesund, jung, dynamisch und unterstützt bei einer Krankheit ohne Zweifel den Genesungsprozess.

Die Schwachstellen von Löwegeborenen

Die Astrologie sagt, Löwegeborene bekämen leicht Probleme mit dem Herzen und den damit verbundenen Organen und Funktionen. Das stimmt. Löwen haben tatsächlich schneller als andere Herzleiden und neigen zu Hypo- oder zu Hypertonie. Herz und Blutdruck bilden also ihre Schwachstelle, ihren »Locus minoris resistentiae«, wie es im medizinischen Jargon heißt. Aber eigent-

lich handelt es sich nicht um eine schwache, sondern eine überaus starke, sogar um die stärkste Stelle ihres Seins. Da das Herz jedoch das bevorzugte Medium der Lebensbewältigung eines Löwen ist, wird es entsprechend strapaziert. Man muss sich seiner daher besonders annehmen, es pflegen und hegen.
Löwen sind natürlich nicht grundsätzlich gegen alle übrigen Krankheiten gefeit. Aber der Ursprung bzw. die Ursache einer jeden Erkrankung – und das ist der springende Punkt – wird sich immer auf eine Störung im Zusammenhang mit ihren astrologischen Problembereichen zurückführen lassen. Hier nimmt jedes ihrer Leiden seinen Anfang. Dazu bedarf es einer Erklärung, die tiefer in die Materie eintaucht.

Ein menschliches Kraftwerk

Löwen kommen zwischen dem 23. Juli und dem 23. August auf die Welt. Die Natur feiert ihren Höhepunkt. Danach nimmt die Kraft der Sonne deutlich ab. Diese volle Kraft unseres Zentralgestirns trägt jeder Löwe in seinem Herzen – ja, in jeder seiner Zellen. Löwe sein bedeutet ein Kind der Sonne sein, das Wärme, Fröhlichkeit und Liebe verbreitet. Der Motor seines Wirkens ist das Herz, und all die Blutbahnen und Gefäße kann man sich wie den Strahlenkranz der Sonne denken. Dabei verfolgt das Strahlen nur den einen Zweck, nämlich Lebenskraft zu verschenken. So gesehen sind Löwen menschliche Kraftwerke für Lebendigkeit und Freude. Das ist das Schicksal, das Karma der Löwen. Natürlich kostet das Kraft. Und auch wenn sie, wie die richtige Sonne, über riesige Energiereserven verfügen, verbrauchen sie sich und benötigen ihre Phasen der Ruhe und Erholung.
Wenn Löwen krank werden – und dabei ist es gleichgültig, um welche Krankheit es sich handelt –, hat ihr Herz zu lange und zu viel gestrahlt. Aber das ist nicht der Hauptgrund für eine Erkrankung: Viel schwerer wiegt, wenn das Herz vergeblich strahlt. Nichts schadet einem Löwen mehr, als wenn sein Strahlen, seine

Herzlichkeit, seine Großmut, seine Liebe unbemerkt bleiben. Dann zieht Nacht um ihn herauf. Das Leben hat seinen Sinn und seine Berechtigung verloren. Er leidet und versucht zunächst, noch inniger zu strahlen, gibt alles, seine ganze Liebe. Bleibt die Resonanz wieder aus, wird der Löwe krank.

Jede Krankheit eines Löwen ist die Antwort auf die Dumpfheit und Dunkelheit seiner Mitmenschen. Krankheit ist ein anderer Ausdruck dafür, dass der Löwe vergeblich strahlt und sein Herz verschenkt.

Löwen müssen einen Weg finden, der sie nicht krank macht, ihnen keine Schmerzen zufügt. Das Wichtigste dabei ist: Sie müssen es tun, bevor die ersten Folgeerscheinungen auftreten.

Vorbeugung und Heilen

Am Anfang jeder vorbeugenden Maßnahme und Heilung steht bewusstes Erkennen. Einsicht veranlasst uns mit der Zeit dazu, eine bestimmte (falsche, ungesunde) Art zu leben in eine bessere, gesündere zu ändern. Einsicht bedeutet aber auch noch mehr. Zwischen Erkenntnis und dem Körper besteht eine Verständigung. Wissen und Einsicht erhalten bzw. bewirken Gesundheit. Allein daran zu denken, dass eine besondere Veranlagung zu bestimmten Erkrankungen besteht, verändert nicht nur das Verhalten, sondern auch die entsprechenden Körperfunktionen.

Einsicht schließt auch ein Verstehen körperlicher und psychosomatischer Zusammenhänge mit ein. Wenn man verstanden hat, wie der Organismus funktioniert, und nachvollziehen kann, wie es zu körperlichen und seelischen Krankheiten kommt, wird jeder verantwortungsbewusste Mensch wacher und gesünder leben.

Freude als Therapie

Löwemenschen tragen in ihrem Innersten den Archetypus des Königs. Daraus resultieren ihre Selbstgewissheit und ihre Sicherheit. Des Weiteren sind sie mit der Sonne verbunden. Daraus schöpfen sie ihre Kraft und ihre Großzügigkeit. Diese ihre besondere Veranlagung führt zu gewissen Ansprüchen. Löwen brauchen das Gefühl, wichtig zu sein, und ohne Anerkennung und Liebe von ihren Mitmenschen können sie krank werden. Die besten vorbeugenden Maßnahmen für einen Löwen sind daher ein Beruf, der Freude bereitet, und eine liebevolle Partnerschaft. Macht sich das Herz bemerkbar, bedeutet dies stets, dass der natürliche Energiefluss zu den Mitmenschen blockiert ist. Deshalb muss man immer auch derartige Probleme lösen, will man wirklich gesund werden.

Den Blutdruck anregen

Abweichungen vom normalen Blutdruck sollten grundsätzlich von einem Arzt überwacht werden. Die nachstehende Übung und die Anregung sind jedoch wertvolle unterstützende Maßnahmen. Sie beruhen auf Untersuchungen, bei denen festgestellt wurde, dass der Blutdruck allein durch geeignete Vorstellungen erhöht werden kann.
Bei niedrigem Blutdruck sollte folgende Übung jeden Morgen vor dem Aufstehen gemacht werden:

Übung: Man lässt den Körper in seinem entspannten Zustand des Schlafs. In der Phantasie nimmt man jedoch die nächsten Minuten des Aufstehens vorweg: Man versucht, sich vorzustellen, wie man sich genüsslich, kräftig und vital aus dem Bett erhebt, sich streckt und dehnt und dann mit festem und dennoch federndem Schritt ins Badezimmer geht. – Es ist wichtig, dass man sich bei dieser Übung innerlich sehr wohl fühlt. Sie ist sofort abzubrechen, wenn Nervosität oder Ängstlichkeit auftreten sollten.

Anregung: Auch Bohnenkaffee wirkt blutdruckhebend. Allerdings soll man dieses altbewährte Stärkungsmittel nicht bereits morgens, sondern erst nach dem Mittagessen trinken. Und die zweite Regel für diesen köstlichen Energiespender lautet: Nehmen Sie niemals mehr als eine Tasse pro Tag.

Die Apotheke der Natur

Im August sammelt man Rosmarinblätter. Diese wohlriechende immergrüne Heilpflanze, die auch als ein Standardküchengewürz zählt, fehlt kaum in einem natürlichen Anregungsmittel. Es gibt Rosmarinweine und -tees, die alle zur Stärkung des Herzens eingenommen werden. Ebenfalls tonisierend und stärkend wirkt Weißdorn. Die aus den frischgereiften Früchten hergestellte Essenz wird bei Herzschwäche infolge akuter Krankheiten, bei Herzklopfen, Angina Pectoris, Gemütsverstimmung und Erschöpfung empfohlen. Auch Frauenmantel und Ehrenpreis sollten jetzt gesammelt werden. Beides sind Heilpflanzen, die das Herz stärken. Wer die Pflanzen selbst pflückt, sollte darauf achten, dass alle Kräuter, die dem Herz zugutekommen, in den zwei bis drei Tagen zu sammeln sind, in denen der Mond im Tierkreiszeichen Löwe steht.

Die richtige Diät für Löwen

Es mag nur meine Erfahrung sein, aber solange ich darüber keine Statistik kenne, bin ich darauf angewiesen: Ich weiß von keinem wirklich »fetten« Löwen. Ich glaube, die Vertreter dieses Tierkreiszeichens lieben sich selbst viel zu sehr, um sich dermaßen gehen zu lassen und überproportional Pfunde anzusetzen. Und ich glaube ernsthaft, dass ein gepolsterter Löwe ein ernstes Alarmzeichen von sich gibt: Hier wird jemand sehr schlecht behandelt!

Von daher erübrigt es sich beinah, eine spezielle Diät für Löwen anzugeben, zumindest wenn man dabei an den Wunsch denkt, Übergewicht zu verlieren. Allerdings lieben Löwen sehr wohl eine Ernährungsweise, bei der sie schöner werden.

Ihr »Futter« sollte möglichst frisch geerntet und schonend gekocht sein, um Vitamine und Spurenelemente zu erhalten. Beliebt ist auch die »kalte Küche«: Salate und belegte Vollkornbrote. An Fleisch sollte gespart werden, genauso an Zucker. Und hier wäre nun sehr wohl ein Problem: Löwen naschen für ihr Leben gern und verpfuschen sich so ihren ansonsten gesunden Lebensstil. Daher, wenn überhaupt eine Diät, dann bitte eine ohne Donuts, Gummibärchen, Schokoriegel, Cookies und dergleichen mehr.

Beruf und Karriere

Keine Kompromisse

Löwen bekommen immer, was sie wollen – und zwar mehr oder weniger ihr ganzes Leben lang: zuerst die richtige Schule, dann die passende Ausbildung, zum Schluss einen tollen Beruf. Dabei sind sie weder extrem ehrgeizig, noch haben sie eine übertrieben fanatische Arbeitsmoral. Schon gar nicht erreichen sie ihr Ziel durch miese Machenschaften. Ihr Geheimnis klingt sehr einfach: Sie sind von sich selbst überzeugt – und zeigen das auch. Kein anderes Tierkreiszeichen geht so widerstrebend Kompromisse ein wie Löwen: Wenn ihnen etwas nicht gefällt, dann wird das auch nichts. Mit anderen Worten: Falls Sie ein Löwe sind und Ihren Job nur mit halbem Herzen ausführen, werden Sie immer nur die Hälfte des Möglichen herausholen. Sicher, wenn es sein muss, langen Sie zu, aber niemals mit der Kraft, Liebe und Kreativität, die in Ihnen steckt.

Ich erinnere mich zum Beispiel an eine Löwin, die in eine Astroberatung kam, weil sie mit ihrem Studium unglücklich war. Sie hatte sich mit Begeisterung in das Fach Psychologie gestürzt und stellte nun – nach drei Semestern – fest, dass ihr dieses Studium nicht mehr gefiel. Ihre Eltern waren entsetzt, alle waren schockiert, weil sie zuvor schon einmal einen Studiengang in den Sand gesetzt hatte. Ich riet ihr, es zu beenden. Sie tat es aber trotzdem nicht. Und? Die Dame arbeitet heute beim Fernsehen, ist glücklich und mit ihrer Sendung – ein Kinderprogramm – sehr erfolgreich. Treffen wir uns gelegentlich, zieht sie mich auf und sagt: »Ich hatte recht damals!« Und ich antworte: »Ja, Löwen haben immer recht!«

Ich rate heute keinem Löwegeborenen mehr, etwas zu tun, wovon er nicht hundertprozentig überzeugt ist. Es hat keinen Sinn. Früher oder später macht er doch, was er will.

Zum Beispiel Patrizia: Sie entschied sich nach dem Abitur, Lehrerin zu werden. Unmittelbar vor dem Examen brach sie jedoch ihr Studium ab. Sie konnte nachts nicht mehr schlafen, und es wurde ihr richtiggehend übel, wenn sie daran dachte, dereinst vor einer Klasse stehen zu müssen.

Sie lernte einen Künstler kennen, den sie über ein Jahr lang auf seinen Ausstellungen begleitete. Sie war sozusagen seine Geliebte, Managerin und Mama. Die Beziehung ging in die Brüche, aber Patrizia hatte durch diese Begegnung entdeckt, dass auch sie große Lust verspürte, künstlerisch tätig zu sein. Sie schaffte die Aufnahmeprüfung für eine Kunstakademie, blieb jedoch nur kurze Zeit auf der Schule: Sie empfand einen Professor als kleinlich und inkompetent.

Nun jobbte sie einige Jahre in Bars und Diskotheken. Dann – sie war inzwischen schon fast dreißig – lernte sie jemanden kennen, der sie in eine Tanzschule mitnahm. Wieder war sie Feuer und Flamme und begann, Jazz Dance und Ballett zu lernen. Diesmal hatte sie etwas gefunden, wofür ihr Herz länger schlug. Sie tanzte an manchen Tagen zehn Stunden lang, war wie besessen und dachte an nichts anderes mehr. Nach fünf Jahren stellte sie eine eigene Tanzgruppe zusammen, choreographierte Stücke und brachte sie immerhin auf kleineren Bühnen zur Aufführung. Sie bekam gute Kritiken, merkte aber auch, dass sie, um groß als Choreographin herauszukommen, zu spät damit angefangen hatte. Wozu dann die ganze Anstrengung?

Sie begann eine Ausbildung in Körpertherapie. Heute hat sie ein eigenes Studio, gibt Tanzunterricht und hilft Tänzern dabei, ihren eigenen Körper besser zu verstehen und optimal zu nutzen.

Claudia wuchs wohlbehütet auf einem großen Bauernhof in Österreich auf. Schon als Fünfzehnjährige hatte sie ein Haus und viel Geld geerbt, mit dem sie tun und lassen konnte, was sie wollte. Entsprechend gering war ihre Motivation, nur des Broterwerbs wegen etwas zu erlernen, was ihr nicht gefiel. Nach der mittleren Reife wusste sie lange nicht, was sie tun sollte.

Irgendwann hörte sie davon, dass auch Frauen den Beruf eines Forstbeamten ergreifen könnten. Sie liebte Tiere und die Natur –

also schlug sie diesen beruflichen Weg ein. Sie machte ihre Ausbildung und die Prüfung, und das war's dann: Sie übte den Beruf nämlich nicht einen Tag aus, sondern wollte jetzt plötzlich Sprachen lernen, und zwar Spanisch und Russisch, einfach so, ohne irgendwelche Absicht, weil es Spaß machte …

Dann hörte sie von der Möglichkeit, Heilpraktiker zu werden: Sie absolvierte die Prüfung, richtete sich in ihrem Haus ein Praxiszimmer ein, kam jedoch nie dazu, darin zu arbeiten, denn in der Zwischenzeit hatte sie für etwas Neues Feuer gefangen: ein Tierpflegeheim. Sie gründete eine Initiative gegen Tiermissbrauch und Tierverwertung, fühlte sich Brigitte Bardot sehr nahe und besuchte sie sogar einmal in Saint-Tropez. Sie erlernte den Beruf der Tierheilpraktikerin und richtete in ihrem Haus Unterkünfte für verlassene und kranke Tiere ein. Doch auch diese Geschichte hatte bald ein Ende: Sie verlor das Interesse, damit auch jeden Schwung, und löste ihr Tierasyl auf.

In der folgenden Zeit hat Claudia zahlreiche Weiterbildungsveranstaltungen in Psychologie besucht. Dann funktionierte sie ihr Haus abermals um, nun in eine Art Künstler-und-Wachstums-Kolonie: Es lebten dort Künstler und Therapeuten unter einem Dach. Am Wochenende wurden Seminare angeboten. Claudia war zu dieser Zeit sehr glücklich mit ihrem Leben.

Markus promovierte in Wirtschaft, hatte aber danach überhaupt keine Lust, auf diesem Gebiet zu arbeiten. Er eröffnete auf einer griechischen Insel eine Surfschule, lebte im Sommer im Süden und bereiste im Winter die Welt. Dann versuchte er sich als Dichter, gab einen Lyrikband heraus, der auch einige Beachtung fand. Danach schrieb er Reisebücher, die mit eigenen Fotos bestückt wurden. Wieder war es ein Erfolg. Ich lernte ihn kennen, weil er sich anschließend für Astrologie interessierte und eine Ausbildung buchte. Bevor er mit einer eigenen Praxis anfangen konnte, starb sein Vater und hinterließ ihm ein großes Vermögen. Seitdem ist er damit beschäftigt, sein Geld über die verschiedensten Anlagefonds möglichst gewinnbringend zu verwalten – auch wieder mit großem Erfolg.

Theo studierte Sozialpädagogik und arbeitete danach drei Jahre in einer Einrichtung für Drogenabhängige. Während dieser Tätigkeit wuchs sein Widerstand gegen die harten therapeutischen Maßnahmen, wie sie in solchen Einrichtungen Usus sind. Er kündigte. Zu seinem jetzigen Beruf kam er durch einen – wie man so schön sagt – Zufall: Einer seiner Freunde, der eine Bar betrieb, bat ihn darum, während eines Personalengpasses auszuhelfen. Er tat es. Mittlerweile hat Theo ein eigenes Restaurant, steht hinter der Bar, strahlt die Gäste an, gibt seine Tipps, klopft aufbauend auf Schultern: Er hat gefunden, was ihm liegt.

Das Herz muss dabei sein

Zum einen zeigen diese Beispiele Tätigkeiten, die Löwen Spaß machen, etwa alles, was auch nur im Entferntesten mit Kunst, Darstellung und Repräsentation zu tun hat, also Tanzen, Fotografieren oder Schreiben. Des Weiteren lieben Löwen Tätigkeiten, bei denen sie anderen ihre Großzügigkeit zeigen und zukommen lassen können, zum Beispiel in einer tollen Bar zu stehen und Gäste zu verwöhnen. Dann haben Löwen ein Faible für Spekulationsgeschäfte. Hier kann man auch das Glücksspiel hinzufügen: Der einzige Croupier, den ich kenne, ist ein Löwegeborener, und er schwört Stein und Bein darauf, dass die meisten seiner Kollegen im Juli und August, also zur Löwezeit, Geburtstag feiern. Unter die Rubrik Kunst ist natürlich auch das große Feld Unterhaltung, einschließlich Darstellung, außerdem Werbung, Schönheit, Mode und Kosmetik, der Handel mit Kunst und Mode einzuordnen.
Ob sie arbeiten oder entspannen, Löwen müssen mit ihrem Herzen dabei sein, das, was sie tun, aus ihrem Innersten heraus bejahen, ihr Beruf soll ihrer würdig sein. Für andere mag das so scheinen, als seien sie verwöhnt, stolz oder arrogant; für den Löwen jedoch ist eine Arbeit, zu der er sich nicht bekennen kann, vertane Zeit, Mühsal und Plage.

Auf der anderen Seite kann niemand so arbeiten wie ein Löwe, wenn er überzeugt ist von seinem Tun. Er ist ein Segen für jeden Betrieb, jede Firma, jeden Laden, jede Praxis, jede Bar oder wo immer er tätig wird, und er fügt seinen Handlungen automatisch eine persönliche Note und eine Spur Kreativität hinzu: Als Barkeeper mixt er die Drinks mit genialem, atemberaubendem Schwung. Als Krankenpfleger verteilt er außer Pillen ein Quantum Lebensfreude. Selbst wenn er am Fließband arbeitet, läuft dort garantiert mehr als nur eine eintönige Bewegung ab: ein Lächeln, mehr Spaß am Sein, eine kleine Show.

Der Löwe liebt es, gönnerhaft aufzutreten. Wird er Pädagoge, Arzt oder Therapeut, dann will er, gleich einem idealen Vater, für andere da sein, sie unterstützen, ihnen wie ein Mäzen großzügig unter die Arme greifen, wie ein Patriarch aufmunternd auf die Schultern klopfen.

Das Arbeitsumfeld und die Berufe

Wo arbeiten Löwen am liebsten?

Löwen betätigen sich mit Vorliebe in einem Umfeld, in dem Kunst, Geschmack, Mode, Schönheit, Genuss, Glück und Liebe angeboten, gesammelt oder verwaltet werden. Sie fühlen sich zu Hause, wo Führungsaufgaben anstehen, wo es auf angemessene Repräsentation ankommt und wo man auf der Bühne oder im Licht der Öffentlichkeit steht. Geht es um Gestaltung, Verwaltung, Sammlung und Verschönerung, sind Löwegeborene gern dabei, ebenso wenn sie sich mit Geld, Vergnügen und Spiel beschäftigen können. Sie haben gern zu tun mit Kommunikation, Unterhaltung, Unterricht und Darstellung. Sie bevorzugen auch ein berufliches Umfeld, in dem es um Entspannung, Geborgenheit, Familie, Kinder und Erziehung geht, um die Erhaltung der Gesundheit und der Schönheit sowie um schöpferische Teamarbeit.

Berufe der Löwen

A/B (Angestellter/Beamter) Auswärtiger Dienst, A/B Bundesbank, A/B Deutsches Patentamt, A/B Finanzverwaltung, A/B Kommunalverwaltungen, A/B Kriminalpolizei, A/B Polizei, Antiquitätenhändler, Apotheker, Archäologe, Astronom, Astrophysiker, Bankkaufmann, Berufe in Umweltorganisationen, Bildingenieur, Blumenbinder, Bodenpersonal bei Fluggesellschaften, Buchhändler, Chemielaborant, Chemiker, chemisch-technischer Assistent, Computer-Layouter, Cutter, Dekorateur, Dipl.-Ing. Elektrotechnik, Dipl.-Ing. Fachrichtung Chemie, Dipl.-Ing. Hoch- und Tiefbau, Dipl.-Ing. im Metallbereich, Dipl.-Ing. in der Entwicklung, Dipl.-Ing. in Fertigungstechnik, Diplompsychologe, -sozialarbeiter, -betriebswirt, -pädagoge, -sportlehrer, Dolmetscher, Entwicklungshelfer, Ethnologe, Facharzt für allgemeine Medizin, Facharzt für Chirurgie, Fachlehrer, Fahrlehrer, Gartenbauarchitekt, Gärtner, Geologe, Geophysiker, Gewerkschaftsfunktionär, Historiker, Hochschullehrer, Hotelkaufmann, Industriedesigner, Informationsgrafiker, Innenarchitekt, Jurist, Kernphysiker, Kommunikationstechniker, Kosmetiker, Kultur- bzw. Medienmanager, Kunsterzieher, Kunsthistoriker, Maskenbildner, Masseur, MAZ-Techniker, Medieninformatiker, Multimediaproducer, Netzwerkspezialist, Ökologe, Ökomanager, Philologe, Philosoph, Pilot, Politiker, Politologe, Privatdozent, Psychotherapeut, Realschullehrer, Rechtsanwalt, Rechtspfleger, Reiseverkehrskaufmann, Rektor, Reporter, Restaurateur, Richter, Schauspieler, Schriftsteller, Seminarleiter, Sozialwissenschaftler, Sportmanager, staatlich geprüfter Betriebswirt, Staatsanwalt, Steward, Tanzlehrer, technischer Zeichner, Teletutor, Theaterwissenschaftler, Tierarzt, Tourismusmanager, Übersetzer, Verlagskaufmann, Verleger, Veterinärmediziner, Werbekaufmann, Zahnarzt, Zoologe, Zukunftsforscher.

Test: Wie »löwehaft« sind Sie eigentlich?

In diesem Test kann man erfahren, wie löwehaft man als Löwegeborener ist. Man gehe dabei folgendermaßen vor: Möchte man eine Frage mit einem Ja beantworten, soll man jeweils die Zahl ankreuzen. Wenn man also gern Testfahrer wäre, kreuzt man die Zahl 1 an (ein Nein wird nicht notiert).

	+		–
Wären Sie gern Testfahrer?		1	
Sind Sie ein Mensch, der gern Geld zurücklegt?		2	
Verstehen Sie etwas von Kunst?		3	
Sind Sie gern unter Menschen?		4	
Können Sie sich vorstellen, Politik zu machen?		5	
Können Sie leicht Verantwortung übernehmen?		6	
Möchten Sie an einer Grenze stehen und Personen kontrollieren?		7	
Möchten Sie Babys in einem Krankenhaus betreuen?		8	
Möchten Sie Tierpräparate herstellen?		9	
Ist es Ihnen egal, was Sie arbeiten, Hauptsache, das Geld stimmt?		10	
Ordnen Sie sich leicht unter?		11	
Haben Sie Geduld?		12	
Möchten Sie Prüflingen Noten geben?		13	
Möchten Sie auf dem Lande leben und arbeiten?		14	
Stehen Sie gern in der Öffentlichkeit?		15	
Möchten Sie Falschparkern einen Strafzettel geben?		16	

	+		–
Möchten Sie an einer Diät als Testperson mitmachen?		17	
Möchten Sie Gehälter abrechnen?		18	
Fühlen Sie sich als etwas Besonderes?		19	
Arbeiten Sie gern im Team?		20	
Könnten Sie von der Hand in den Mund leben?		21	
Interessieren Sie sich für Mode?		22	
Mögen Sie Risiko?		23	
Führen Sie gern technische Berechnungen durch?		24	
Wären Sie gern Entdeckungsreisender?		25	
Mögen Sie Veränderungen?		26	
Möchten Sie auf einer Bühne stehen?		27	
Können Sie gut allein sein?		28	
Können Sie leicht auf die Tageszeitung verzichten?		29	
Möchten Sie gern Jugendliche betreuen?		30	
Halten Sie Gefühle für wichtiger als den Verstand?		31	
Sind Sie selbstsicher?		32	
Liegt Ihnen das Wohlergehen anderer am Herzen?		33	
Sind Sie gern Gastgeber?		34	
Betreuen Sie gern Kranke?		35	
Wären Sie gern Lehrer?		36	
Sind Sie ein beständiger Mensch?		37	
Gehen Sie gern und häufig aus?		38	
Möchten Sie Menschen beraten?		39	
Haben Sie Geschmack?		40	

	+		–
Tragen Sie gern Secondhandkleider?		41	
Würden Sie gern an einem Bankschalter stehen?		42	
Treiben Sie gern Sport?		43	
Würden Sie gern als Diskjockey arbeiten?		44	
Würden Sie gern Astronaut sein?		45	
Können Sie sich vorstellen, im Ausland zu arbeiten?		46	
Möchten Sie gern Reporter sein?		47	
Legen Sie Wert auf Pünktlichkeit?		48	
Würden Sie gern Fotomodell sein?		49	
Können Sie leicht bei einer Sache bleiben?		50	
Summe	___	___	___

Auswertung

Schreiben Sie immer dann ein Plus (+) links neben die Zahl, wenn Sie die Nummern 1, 3, 5, 6, 15, 19, 22, 27, 32, 34, 38, 40, 44, 49 angekreuzt haben (maximal vierzehnmal ein Plus).
Tragen Sie immer ein Minus (–) rechts neben die Zahl, wenn Sie die Nummern 2, 7, 10, 11, 13, 16, 17, 18, 41, 48 angekreuzt haben (maximal zehnmal ein Minus).
Ziehen Sie die Anzahl der Minus- von der Anzahl der Pluszeichen ab. Die Differenz ist Ihr Testergebnis.

Interpretation

Ihr Testergebnis beträgt 8 oder mehr Punkte: Sie sind ein hundertprozentiger Löwe. Alles, was in diesem Buch über die Natur des Löwen gesagt wurde, trifft auf Sie zu. Sie sind schöpferisch, selbstbewusst, feurig, ordnen sich schwer unter und arbeiten am besten, wenn Sie sich selbst bestimmen können. Ihre Gefühle sind direkt, und Sie brauchen immer Veränderung und den Reiz des Neuen. Routine wirkt auf Sie lähmend und einschläfernd.

Ihr Testergebnis liegt zwischen 5 und 8 Punkten: Bei Ihnen ist das Naturell des Löwen gedämpft. Wahrscheinlich haben Sie einen Aszendenten, der die Qualität Ihrer Löwepersönlichkeit in einer anderen Weise beeinflusst. Oder Ihr Mond hat diese Wirkung. Für Sie ist es daher interessant, die Stellung Ihres Mondes und Ihren Aszendenten im zweiten Teil dieses Buches kennenzulernen. Es kann aber auch sein, dass Sie durch frühere Erfahrungen dazu veranlasst wurden, Ihr Löwenaturell abzulehnen. Dann ist es besonders wichtig, dass Sie sich damit wieder anfreunden und es mehr zulassen.

Ihr Testergebnis beträgt weniger als 5 Punkte: Sie sind ein untypischer Löwe. Wahrscheinlich haben Sie einen Aszendenten, der sich völlig anders als das Löweprinzip deuten lässt, oder Ihr Mond steht in einem solchen Zeichen. Es wird sehr spannend für Sie sein, dies im zweiten Teil des Buches herauszufinden. Sie haben es aber im Laufe Ihres Lebens womöglich auch für nötig befunden, Ihre Löweseite abzulehnen und zu verdrängen. Es ist daher Ihre Aufgabe, sich mit diesem Teil Ihrer Persönlichkeit wieder anzufreunden: Sie sind ein Geschöpf des Feuers, das von seinem Naturell her dafür geschaffen ist, wie die Sonne im Zentrum zu stehen und andere zu begeistern und mitzureißen.

Teil II

Die ganz persönlichen Eigenschaften

Der Aszendent und die Stellung von Mond, Venus & Co.

Vorbemerkung

In Teil I wurde erläutert, wie man zum »Sternzeichen« Löwe kommt, nämlich dadurch, dass die Sonne zum Zeitpunkt der Geburt in diesem Abschnitt des Tierkreises stand. Nun gibt es in unserem Sonnensystem bekanntlich noch andere Himmelskörper, von denen der Erdtrabant Mond und die Planeten für die Astrologie bedeutsam sind. Sie alle haben ebenfalls entsprechend ihrer Stellung bei einer Geburt eine spezifische Aussagekraft. Obendrein spielen auch noch der Aszendent, die astrologischen Häuser und weitere Faktoren eine Rolle. Alles zusammen ergibt ein Horoskop.

Dieses Wort hat seine Wurzeln im Griechischen und heißt so viel wie »Stundenschau«, weil ein Horoskop auf die Geburtsstunde (eigentlich Geburtsminute) genau erstellt wird. Es ist also eine – in Zeichen und Symbole übersetzte – Aufnahme der astrologischen Gestirnskonstellationen zum Zeitpunkt einer Geburt. Es spiegelt die vollständige Persönlichkeit eines Menschen wider.

Im Folgenden werden die neben der Sonne wichtigsten Größen eines Horoskops gedeutet: Aszendent, Mond, Merkur, Venus, Mars, Jupiter und Saturn. Sie können mit Hilfe des Geburtstags und der Geburtszeit ihre Position im Tierkreis ermitteln und dann die jeweilige Bedeutung kennenlernen. Die Interpretation dieser Horoskopfaktoren ist manchmal vom Sonnenzeichen des oder der Betreffenden abhängig, im Großen und Ganzen jedoch nicht. Entsprechend findet man in den verschiedenen Bänden dieser Buchreihe in der jeweiligen Beschreibung die gleichen oder ähnliche Aussagen.

Auf der anderen Seite ist es wichtig, zu verstehen, dass die Interpretation einer einzelnen Größe wie zum Beispiel Aszendent,

Mond oder Sonne immer nur einen bestimmten Aspekt wiedergibt, der eventuell widersprüchlich zu dem sein kann, was über einen anderen Faktor gesagt ist. Die Kunst der Astrologie beruht aber gerade darauf, Verschiedenes, eventuell sogar sich Widersprechendes, miteinander zu verbinden bzw. gemäß der eigenen Intuition und Erfahrung zu gewichten.
Wie erfährt man nun, in welchem Tierkreiszeichen die weiteren Horoskopfaktoren stehen? Astrologen mussten früher tatsächlich den Himmel studieren, um herauszufinden, welche Position die wichtigen Gestirne einnahmen. Aber wie gesagt erstellten findige Köpfe schon bald Tabellen, sogenannte Ephemeriden, denen man den Lauf der Planeten entnehmen konnte. Seit der Erfindung und Verbreitung der Computertechnologie kann man nun auch auf diese Ephemeridenbücher verzichten. Man ersteht ein Astrologieprogramm, gibt Geburtstag, -zeit und -ort ein, und auf einen Klick erscheinen alle Angaben, die man braucht. Heute ist infolge der großen Verbreitung des Internets auch das eigene Astrologieprogramm überflüssig geworden. Im World Wide Web existieren Plattformen, auf denen sich ebenfalls ganz einfach die Planetenpositionen errechnen und darstellen lassen. Man kann zum Beispiel über die Homepage des Autors sämtliche Angaben über die exakte Position von Sonne, Mond, Aszendent und den weiteren Gestirnen in einem Horoskop kostenlos herunterladen. Die Adresse: www.bauer-astro.de.

Die Grafik auf Seite 92 zeigt das Horoskop eines bekannten Löwegeborenen, nämlich des Schriftstellers George Bernard Shaw. Er wurde am 26. Juli 1856 um 0.40 Uhr in Dublin (Irland) geboren. Das Horoskop hält seinen Geburtsmoment grafisch fest. Die Sonne ☉ stand im Zeichen Löwe ♌ auf der linken Seite des Horoskops. Aber die Sonne ist nur eine Größe seines Horoskops. Man erkennt links den Aszendenten *AC*, der im Zwillingezeichen ♊ liegt. Der Mond ☽, obere Hälfte links, befand sich bei Shaws Geburt im Zeichen Stier ♉. Außerdem sind noch viele weitere Gestirne und wichtige Punkte im Horoskop enthalten. Ein ausführliches Horoskop berücksichtigt die Position aller Gestirne und des Aszendenten und kommt erst dann zu einer umfassenden und gründlichen Persönlichkeitsdiagnose.

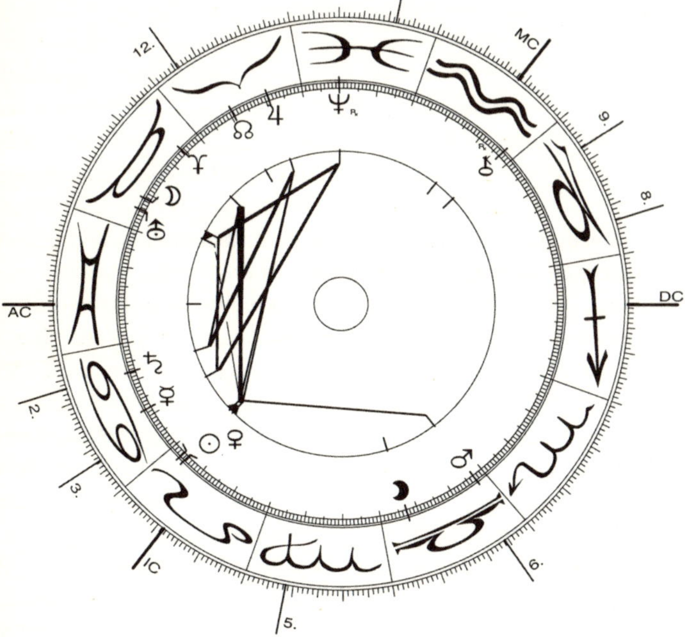

Der Aszendent – Die individuelle Note

Die Bedeutung des Aszendenten

Wir sprechen in diesem Buch vom Sonnenzeichen Löwe, dies ist aber wie gesagt nur *ein* Aspekt einer Persönlichkeit. Die Astrologie kennt noch viele andere, wovon der Aszendent der wichtigste ist. Für die Bestimmung des Aszendenten muss man allerdings die genaue Geburtszeit kennen. Sie ist erfahrbar, weil sie auf dem

Standesamt des Geburtsorts festgehalten wird. Wenn Sie also nicht die Zeit kennen, zu der Sie das Licht der Welt erblickt haben, können Sie dort anfragen und um Auskunft bitten.

Als ich vor über dreißig Jahren damit begann, Horoskope zu erstellen, war ich zunächst sehr erstaunt darüber, dass die Geburtszeit neben dem Geburtstag in den Büchern der Standesämter festgehalten wird. Der Geburtstag dient dem Staat neben anderen Angaben zur eindeutigen Identifizierung einer Person. Aber welchen Zweck erfüllt die Geburtszeit für die Bürokratie? Für mich liegt darin auch heute noch kein größerer Nutzen als dieser: Durch die schriftliche Fixierung der Geburtszeit liefern die Behörden der Astrologie die wichtigste Berechnungsgrundlage und ermöglichen so jedem Menschen einen Blick auf den ganz persönlichen, einzigartigen Anfang seines Lebens.

Der Aszendent symbolisiert die individuelle Note. Das Sonnen- oder Tierkreiszeichen Löwe hat man ja gemeinsam mit allen Menschen, die zwischen dem 23. Juli und 23. August geboren sind. Der Aszendent jedoch ergibt sich aus der ganz persönlichen Geburtszeit. Aber was bedeutet nun der Aszendent? Bekanntlich dreht sich die Erde in zirka 24 Stunden um ihre eigene Achse. Von der Erde aus gesehen, beschreibt die Sonne dabei aber einen Kreis um unseren Planeten. Dieser Kreis wird – ebenso wie beim scheinbaren Kreislauf der Sonne um die Erde innerhalb eines Jahres – in zwölf Abschnitte unterteilt: die zwölf Zeichen des Tierkreises. Entsprechend steigt am östlichen Horizont etwa alle zwei Stunden ein neues Tierkreiszeichen auf. Dasjenige, das zum Zeitpunkt einer Geburt (oder eines anderen wichtigen Ereignisses) gerade dort aufging, nennt man »Aszendent« (dieser Begriff ist abgeleitet vom lateinischen Verb *ascendere* = »aufsteigen«).

Die Deutung des Aszendenten ist auch dementsprechend: Zunächst einmal wollen die Anlagen (repräsentiert durch den Aszendenten) das Gleiche wie das Tierkreiszeichen am Himmel, nämlich »aufgehen«. Wenn jemand zum Beispiel Aszendent Widder »ist«, strebt die durch dieses Zeichen symbolisierte Kraft danach, im Leben des Menschen mit Aszendent Widder aufzugehen. Es

versuchen sich also Widderkräfte zu verwirklichen. Allerdings sind mit einem bestimmten Aszendenten zwar bestimmte Muster und Energien vorgegeben. Aber es bleibt immer eine Freiheit in der Gestaltung. Je mehr es einem gelingt, sich vom Allgemeinen abzuheben, umso individueller und einmaliger wird man sein, und umso eher erfüllt man seine eigentliche Bestimmung, nämlich ein einmaliger und unverwechselbarer Mensch zu sein.
Ergänzen sich Aszendent und Tierkreiszeichen, dann fällt dies leicht. Zuweilen sind sie aber völlig entgegengesetzt. Entsprechend fällt es einem schwerer, seinen Aszendenten neben seinem Sternzeichen in sein Leben zu integrieren. Der Aszendent dient also einerseits dazu, uns eine individuelle und besondere Note zu verleihen. Darüber hinaus begleitet den Aszendenten ein Sehnen, sich in eine kosmische oder spirituelle Kraft zu verwandeln, »in den Himmel zu steigen«, wie ja auch das tatsächliche Aszendentenzeichen sich im Osten von der Erde erhebt und gen Himmel strebt.

Auf den folgenden Seiten finden sich die zentralen oder wichtigsten Eigenschaften der zwölf möglichen Aszendenten von Löwegeborenen.
Die exakte Aszendentenposition lässt sich wie gesagt über die Homepage des Autors herunterladen (www.bauer-astro.de).

Der Löwe und seine Aszendenten

Aszendent Widder – Ein Krieger werden

Aszendentenstärken Direkt, spontan, dynamisch, durchsetzungsstark
Aszendentenschwächen Ungeduldig, launisch

Mit dem Aszendenten Widder kommt man auf die Welt, um ein Krieger zu werden. Dieses Wort bedarf einer besonderen Erklärung. Denn mit einem Krieger verbindet man gewöhnlich schreckliche Geschehnisse, schwerbewaffnete Männer (und Frauen), die – meist einem Befehl folgend – töten, foltern, vergewaltigen, enteignen, vertreiben, zerstören, vernichten. Das mögen durchaus auch unerlöste Anteile dieser Aszendentenenergie sein, sie haben aber mit einem bewussten und wissenden Umgang damit nichts zu tun. Der »Krieger« in unserem Sinne steht vielmehr für das Leben. Er verkörpert Initiative, Kraft, Lebendigkeit. Nichts, aber auch gar nichts verbindet ihn mit Zerstörung, Verletzung oder gar Tod. Im Gegenteil. Die höchste Vollendung als Krieger besteht darin, dass er alles aus dem Bewusstsein heraus tut, beim Punkt null zu beginnen. Nichts war schon einmal. Alles ist neu. Der Atem. Das Öffnen der Augen. Das Gehen. Menschen mit dem Aszendenten Widder werden ihr ganzes Leben lang immer wieder neu geboren. Alles, was ihnen widerfährt, zählt als Herausforderung.

Diese Menschen lernen aus Problemen, Schwierigkeiten und Behinderungen, so dass sie in Zukunft gewappnet sind. Auch die Angst werden sie mit der Zeit kennenlernen und wie ein Krieger an ihr wachsen. Angst gleicht einem Heer unsichtbarer Gegner. Man spürt nur, dass man bedrängt wird, eingeengt ist, nicht weiterkann. Aber hat man nicht schon bei seiner Geburt die Erfahrung gemacht, dass es immer weitergeht? Man darf nicht stehen bleiben. Wenn man nicht aufgibt, wird man immer stärker im Leben. Vielleicht muss man zuweilen nachgeben, sich aber sein Ziel immer vor Augen halten. Umwege sind denkbar und Pausen, doch den eigentlichen Weg wird man nie aus den Augen verlieren.

Mit diesem Aszendenten ist eine jugendliche Gestalt verbunden, und zudem sind so manche »wilden« Unternehmungen älteren Menschen oft nicht mehr möglich. Trotzdem sollten sie ihren Körper sorgfältig pflegen und im Rahmen des Möglichen ertüchtigen. Regelmäßige Gymnastik und eine gesunde Ernährung sind einfach unerlässlich. Noch wichtiger aber ist die geistige Beweglichkeit. Aszendent-Widder-Menschen haben in der Regel das Glück, im Alter fit im Kopf zu bleiben. Aber sie müssen ihren Geist auch immer wieder trainieren. Außerdem können sie den

geistigen Alterungsprozess durch Nahrungsergänzungen (Ginkgo zum Beispiel) hinausschieben. Es geht im Alter auch darum, mehr und mehr für Inspirationen empfänglich zu werden. Sich ihnen zu öffnen bedeutet, an der Welt der Ideale, dem Sein, unmittelbar teilzuhaben.
Wenn der Tod irgendwann kommt, werden sie auch diesem Faktum als Krieger begegnen: Sie haben ihren letzten großen Kampf vor sich und stellen sich ihm – mutig, entschlossen, bereit.

Aszendenten-Check

Wie ergänzen sich Sonne und Aszendent? Das Sonnenzeichen Löwe und das Aszendentenzeichen Widder ergänzen sich großartig. Damit wird man immer Menschen finden, die einem weiterhelfen, und Möglichkeiten, die zu einem passen. Man ist direkt dafür geboren, in einem Team der natürliche Anführer zu sein.

Aszendent Stier – Ein Alchemist werden

Aszendentenstärken Solide, sachlich, praktisch, sinnlich, kreativ, schöpferisch
Aszendentenschwächen Stur, inflexibel

Die Bezeichnung »Alchemist« in diesem Zusammenhang stammt von einem Koch mit dem Aszendenten im Zeichen Stier, der – erst 22 Jahre alt – bereits Chef über fünf weitere Köche war und mir in einer Astrologiesitzung sagte: »Ich bin eigentlich ein Alchemist. Ich mache aus einfachen Zutaten (Zucker, Mehl, Eier, Orangensaft …) ein Gericht, an dem sogar die Götter ihre Freude hätten.«
Natürlich lassen sich nicht nur einfache Lebensmittel in »Götterspeisen« transformieren. Genauso klappt es mit Häusern (Architekt), Wohnungseinrichtungen (Innenarchitekt), Pflanzen (Gärtner) und tausend anderen Aufgabenfeldern. Ich frage mich manchmal, ob die Fähigkeit mancher Menschen, ihr Geld mit Hilfe von Spekulation zu vermehren, nicht auch eine moderne

Form der Alchemie darstellt. Ob vielleicht Börsianer wie die Alchemisten im Mittelalter Beschwörungsformeln aussprechen, damit ihre Aktien steigen?

Alles lässt sich im Sinne der Alchemie in einen höheren Zustand transformieren. Es ist eine Frage des Bewusstseins. Wenn man sich einmal darüber klar ist, dass man diese Gabe besitzt, geht man anders durchs Leben, nämlich in der Absicht, zu verschönern, alles sinnlicher, angenehmer, vollendeter werden zu lassen. Dann blühen plötzlich Rosen in prächtigeren Farben, der Himmel bekommt ein tieferes Blau, und das Glas Wasser, das man gerade trinkt, schmeckt wie ein nie gekosteter Hochgenuss: Die eigenen Sinne zu verfeinern ist der erste Schritt eines Alchemisten – das Sehen, Hören, Riechen, Schmecken, Tasten. Dann folgt der zweite: die Welt draußen formen, sein Outfit, die Wohnung, das Büro. Am Anfang braucht ein Alchemist noch Zeiten des Rückzugs, um sich zu sammeln und seine eigene Sinnlichkeit abseits allen Treibens zu trainieren. Aber mit der Zeit wird die ganze Welt sein Experimentierraum, und sein »Unterricht« dauert 24 Stunden. Selbst seine Träume beginnen sich zu gestalten, bekommen intensivere Farben und erzählen von fernen Welten – dem Garten Eden oder dem Schlaraffenland.

Der große Erleuchtete Buddha war sowohl von der Sonne als auch vom Aszendenten her ein Stier. Es heißt, dass dort, wo er ging, die Vögel noch lieblicher sangen und die Blüten der Bäume noch intensiver dufteten. Auch Orpheus, einem anderen erleuchteten Wesen, kann man ruhig einen Stieraszendenten »andichten«, obwohl natürlich keine offiziellen Angaben über seine Geburt existieren. Dem Mythos zufolge sang er so vollendet, dass alles um ihn herum verstummte: die Vögel und die Insekten, sogar die Wellen des Meeres und der Wind. Wie ein Buddha, wie Orpheus, so sollen Menschen mit dem Aszendenten Stier durchs Leben gehen.

Im Alter schwindet so manche der Sinnesfreuden: Essen und Trinken haben meist nur noch nährende Funktion, der reine Sex reduziert sich auf ein bescheideneres Maß. Ausgleichend und die

Sinne verfeinernd wirkt zum Beispiel die Beschäftigung mit Kunst, egal, ob man sich ihr nur betrachtend oder durch eigenes künstlerisches Tun widmet. Menschen mit dem Aszendenten im Zeichen Stier können jeden Ort, an dem sie leben, zum Garten Eden werden lassen.

Auch dem Tod begegnet ein Alchemist mit dem Mut, ihn zu erhöhen. Er stirbt nicht in Umnachtung, bewusstlos, verkrampft. Er nimmt die letzte große Aufgabe dieses Lebens an und schreitet anmutig hinüber in ein anderes.

Aszendenten-Check

Wie ergänzen sich Sonne und Aszendent? Das Sonnenzeichen Löwe und das Aszendentenzeichen Stier sind gegensätzlicher Natur. Die feurige und großzügige Löweseite stößt sich mit der praktischen und manchmal auch materiell orientierten Stierseite. Es geht im Leben darum, beide Seiten zu ihrem Recht kommen zu lassen und sie harmonisch zu verbinden.

Aszendent Zwillinge – Ein Kundschafter werden

Aszendentenstärken Gewandt, beredt, vielfältig, kommunikativ, verbindend

Aszendentenschwächen Zerstreut, unsicher

Wer unter dem Aszendenten Zwillinge auf die Welt kommt, ist immer irgendwie unterwegs – in Wirklichkeit oder in Gedanken. Er nimmt von hier etwas mit, trägt es nach dort, tauscht es mit etwas anderem aus und trägt das dann wieder mit sich fort. Dieser Aszendent macht zu einem Kundschafter, zu einem, der erforscht, entdeckt, ausspioniert, analysiert – und der sein Wissen dann weitergibt. Die Betroffenen behalten es nicht für sich, wenigstens nicht dauerhaft wie jemand mit dem Aszendenten Stier, der das, was er hat, behält und vermehrt. Die Bestimmung der Menschen mit Zwillingeaszendent lautet anders: Sie sind der Welt immer nur eine Zeit lang teilhaftig, verbinden sich, behalten, lassen wieder los.

Ein Kundschafter ist wissbegierig. Wo immer er sich aufhält, was immer er tut, er nimmt es mit all seinen Sinnen auf. Dennoch bleibt er in seinem Inneren neutral, er hält Distanz, er lässt sich nicht vereinnahmen. Er geht durchaus eine Beziehung ein. Er ist, was er tut, und ist es auch wieder nicht. Ein »Macher« und »Beobachter« zugleich. Insofern wird er auch immer irgendwie gespalten sein, doppelt – ein Zwillingswesen eben.
Menschen mit Zwillingeaszendent treten nicht als Krieger und Eroberer und auch nicht als Verteidiger und Beschützer auf. Sie sind neutral und friedlich. Ein Kundschafter sein bedeutet, die Kunst der Neutralität bei jeder Gelegenheit zu trainieren. Das heißt nicht, dass man keine Emotionen mehr haben soll. Aber man lernt zunehmend, sich von außen zu betrachten, sich selbst zu beobachten. Auf diese Weise identifiziert man sich immer weniger mit seinen oder den Gefühlen seiner Mitmenschen. Das bringt einem dann auch gelegentlich den Vorwurf der Oberflächlichkeit ein. Denn sich in allem wiederzufinden lässt einen an Tiefe verlieren. Damit muss man mit diesem Aszendenten leben. Kunde nehmen, Kunde weitertragen, Kunde bringen: Darin liegt die Bestimmung.
Zwar wird es um Menschen mit einem Zwillingeaszendenten auch im Alter nicht so schnell ruhig, weil sie sich vorausschauend mit genügend Kontakten »eindecken«. Dennoch hinterlassen die Jahre ihre Spuren. Dann kommt es darauf an, ob man weiß oder zumindest ahnt, dass alles, was man in der Außenwelt suchte, eigentlich schon immer in einem selbst war und dass »allein sein« auch »alleins sein« bedeutet. Dann bringt das Alter Schönheit und tiefe Befriedigung.

Aszendenten-Check

Wie ergänzen sich Sonne und Aszendent? Das Sonnenzeichen Löwe und das Aszendentenzeichen Zwillinge sind bestens aufeinander eingestimmt und verhelfen ihrem Horoskopeigner zu kreativen Höhenflügen. Am Bodenkontakt mangelt es zuweilen. Menschen, die einen zu bremsen versuchen, sollte man zwar misstrauen, aber dafür solche suchen und achten, die einem dabei helfen können, den eigenen Träumen Hand und Fuß zu verleihen.

Aszendent Krebs – Ein Träumer werden

Aszendentenstärken Gefühlvoll, häuslich, sensibel, fürsorglich, mystisch, spirituell

Aszendentenschwächen Launisch, abhängig

Ein besonderes Problem, dem sich Menschen mit Krebsaszendent stellen müssen, beschert ihnen der Helferplanet Mond, der auf die leibliche Mutter verweist. Bildlich gesprochen, hängen sie noch Jahre nach der Geburt oder gar ihr Lebtag lang an der Nabelschnur. Diese Prägung auf die Mutter steht in krassem Widerspruch zu der Botschaft, die einem Aszendenten grundsätzlich innewohnt, nämlich ein eigenständiges Individuum zu sein – frei, unabhängig, einmalig. Aber wie soll ihnen das gelingen, wenn ihre Mutter als Vorbild im Horoskop vorgegeben ist? Eine vertrackte Angelegenheit!
Ich meine, dass sich Menschen mit dem Aszendenten im Zeichen Krebs ein eigenes, unabhängiges Verständnis der Mutterrolle (oder des Mutterbildes) erarbeiten sollten. Sie müssen sich gewissermaßen selbst »abnabeln«. Das wird schwierig und auch sehr schmerzvoll sein. Dabei darf es ihnen nicht darum gehen, besser als ihre Mutter zu werden. Sie müssen eine eigene »Mutter-Krebs-Qualität« entwickeln, schöpferisch sein und über die alten Muster hinaus einen Weg in die Eigenständigkeit finden.
Nur auf diese Weise lässt sich der Widerspruch lösen, der in dieser Konstellation liegt. In einer ewigen Antihaltung hängen zu bleiben (bloß keine Mutter sein) oder sich anzumaßen, die eigene Mutter zu überbieten, wie es oft bei Menschen mit einem Krebsaszendenten zu beobachten ist – meist sind es Töchter –, blockiert das Leben. Eine eigenständige Mutter zu sein heißt, auf den Grund des Wassers zu tauchen. Dort finden sie die nötigen Puzzlesteine, um das eigene Bild zu vollenden.

Menschen, die mit dem Krebsaszendenten geboren werden, haben besonders leicht Zugang zu einer Zwischenwelt, einem Bereich zwischen dem sogenannten Realen und dem Spirituellen. Sie tauchen immer wieder in diese Welt ein – ob im Schlaf oder in einem Tagtraum – und tanken Kraft und erhalten Eingebungen. Träume sind eine große Quelle der Wahrheit. Allerdings haben sie viel von ihrer heilenden und heiligen Kraft eingebüßt, seitdem die Wissenschaft sie physiologisch bzw. psychologisch zu erklären sucht. Dass Träume auch eine Verbindung zur göttlichen Welt bedeuten, blieb dabei scheinbar auf der Strecke. Besonders Menschen mit dem Aszendenten im Zeichen Krebs dürfen sich davon nicht beeinflussen lassen. Ein Träumer zu sein bedeutet, die Quelle allen Seins wieder ins Leben zu integrieren. Dann bekommt die reale Welt Spuren der anderen, wird intensiv, lebendig, schöpferisch. Man erlebt sie wie ein Künstler – ein Maler, Musiker, Dichter. Vor allem aber fließt Mitgefühl in das reale Leben ein. Denn in der spirituellen Welt existiert kein Ego, das meint, sich gegen andere Egos behaupten zu müssen. Alles ist mit allem in unendlicher Liebe verbunden. Ein Träumer zu sein bedeutet jedoch keineswegs, mit halbgeschlossenen Augen durch die Weltgeschichte zu wandeln. Im Gegenteil, die Verbindung zur Anderswelt lässt einen das Leben hier bewusster und intensiver wahrnehmen.
Wenn der Mensch mit dem Aszendenten Krebs einmal alt geworden ist und dem Tod begegnet, wird er ohne Zaudern hinübergehen in die Welt, die schon immer seine Heimat war.

Aszendenten-Check

Wie ergänzen sich Sonne und Aszendent? Das Sonnenzeichen Löwe und das Aszendentenzeichen Krebs sind konträr. Einerseits ist man feurig und dynamisch, andererseits zurückhaltend und einfühlsam. Die Aufgabe in diesem Leben ist, die beiden Seiten miteinander in harmonischer Weise zu verbinden, also keine Seite zu negieren, aber auch keine zu stark werden zu lassen.

Aszendent Löwe – Ein Glücksbringer werden

Aszendentenstärken Selbstbewusst, großzügig, sonnig, herzlich, schöpferisch
Aszendentenschwächen Stolz, träge

Wer unter dem Aszendenten Löwe das Licht der Welt erblickt, macht alle glücklich: Ein Königskind ist geboren, mögen die Verhältnisse unter dem Dach, das seine Wiege beherbergt, auch noch so ärmlich sein. Mit ihm zieht das Glück ein, und das bleibt im Grunde ein Leben lang so, wenn nicht widrige Umstände den natürlichen Charme dieser Menschen brechen. Auch Erwachsene umgibt eine besondere Ausstrahlung, eine »Grandezza«, die signalisiert: »Alle mal hersehen, jetzt komme ich!« Irgendwann hat man auch den entsprechenden Hofstaat (allesamt irgendwie besondere Typen) und in der Regel auch das nötige Kleingeld, um sich ein Dasein in Würde leisten zu können.

Aber es reicht nicht, sich sein Lebtag lang nur im Glanz dieses Sternzeichens zu sonnen. Mit dem Aszendenten ist einem auch der Auftrag in die Wiege gelegt, dem Leben Glanz, Freude und Fröhlichkeit zu verleihen und den Mitmenschen eben Glück zu bringen. Das ist eine schwierige Aufgabe, denn für das, was ein glückliches Dasein wirklich ausmacht, mangelt es in unseren Zeiten immer mehr an Verständnis. Nur wenige leben in solch einem Glück und verbreiten es. Wir reden nicht vom Lottogewinn oder einer steilen Karriere, sondern von dem Glück, das Fröhlichkeit in die Augen zaubert, Selbstgewissheit schafft, einen mit Zuversicht in die Zukunft blicken lässt und in diesem Vertrauen sorglos macht. Das ist ausgesprochen rar.

Muss man nun, um solch ein Glück verbreiten zu können, über materiellen Reichtum verfügen? Wenn ja, womit soll jemand, der arm wie die sprichwörtliche Kirchenmaus ist, seinem Leben Glanz verleihen? Nun, erstens ist ein Mensch mit Löweaszendent niemals so bedürftig; zweitens geht es nicht um das persönliche, sondern um das Leben schlechthin; und drittens kann man selbst unter den kargsten Bedingungen wie ein Sonnenkönig wirken.

Die Schönheit der Natur beschränkt sich ja nicht auf eine Rose oder Lotusblüte, wir erkennen sie genauso bei einem Vergissmeinnicht oder Gänseblümchen. Nichts kann einen also daran hindern, Glück zu verbreiten, ein Glücksbringer zu sein – außer man selbst. Wenn ein Mensch mit jenem wunderbaren Aszendenten die Welt nicht für »würdig« erachtet, dieses Füllhorn zu empfangen, versündigt er sich durch solche Hybris an seiner Geburt und seinem Aszendenten. Die Sonne wählt nicht aus, wem sie ihr Licht schenkt und wem nicht. Sie verbreitet ihr Licht und ihren Glanz nicht, um zu imponieren. Das hat sie nicht nötig. Auch diese Menschen müssen nicht um Anerkennung buhlen. Bedeutsamkeit haben sie allein schon durch ihre Geburt unter dem aufgehenden Löwezeichen. Sie brauchen sich nichts mehr zu beweisen.
Älter zu werden fällt nur denjenigen schwer, die sich ausschließlich in ihrem Glanz sonnen, ihn aber nicht verschenken. Wer sich dem Leben hingibt, ergibt sich auch mit Leichtigkeit dem Tod.

Aszendenten-Check

Wie ergänzen sich Sonne und Aszendent? Man bekommt eine doppelte Löwenatur, weil man sowohl vom Sonnen- als auch vom Aszendentenzeichen her Löwe ist. Nun kommt es allerdings ganz darauf an, ob man vor oder nach dem Sonnenaufgang geboren wurde. Diese Unterscheidung ist in der Astrologie äußerst wichtig. Man sollte sich daher ein sogenanntes Radixhoroskop erstellen lassen, denn anhand eines solchen Geburtshoroskops lässt sich diese wichtige Frage entscheiden
Ist man vor oder genau bei Sonnenaufgang geboren, steht die Sonne im ersten Haus. Dann »verdoppeln« sich alle Löweeigenschaften, die bisher in diesem Buch beschrieben wurden. Man ist ein besonders lebendiger, aktiver, idealistischer Mensch. Was den Beruf betrifft, sollte man anstreben, sich selbständig zu machen oder eine Führungsposition zu übernehmen.
Kam man hingegen nach Sonnenaufgang auf die Welt, ist man eher ein nachdenklicher, sensibler Mensch, der es nicht leicht

hat, seine Löweeigenschaften zu leben. Man verfügt dafür über besondere mentale und künstlerische Begabungen und ist seiner Zeit häufig voraus. Durch unkonventionelles und schöpferisches Denken und Handeln lassen sich neue (berufliche) Wege einschlagen. Wichtig ist, ein soziales Verantwortungsgefühl zu entwickeln.

Aszendent Jungfrau – Ein Prophet werden

Aszendentenstärken Zuverlässig, logisch, nachdenklich, planend, vorausschauend, visionär
Aszendentenschwächen Pessimistisch, kritisch

Alles im Kosmos folgt einer Ordnung, entsteht, wächst, vergeht und fließt in einen neuen Zyklus ein. Menschen mit dem Aszendenten Jungfrau sind mit dieser Ordnung in spezieller Weise verbunden. Solche Nähe macht sie empfänglich für besondere Einsichten und Visionen und schenkt ihnen die Fähigkeit, Erfahrungen oder Botschaften – ähnlich dem Götterboten Hermes/Merkur – auf die Erde und unter ihre Mitmenschen zu bringen. Auch wenn sie sich dessen meist selbst nicht bewusst sind, sagen und tun sie zuweilen Dinge, die sich nur so erklären lassen. Menschen mit Aszendent Jungfrau warnen zum Beispiel vor Gefahren oder benennen Risiken. Das führt manchmal zu einer ausgesprochenen Medialität. Ich kenne viele Medien, Kartenleger oder Astrologen mit Jungfrauaszendent. Bei ihnen paart sich das Wissen um eine natürliche Ordnung mit höheren Eingebungen oder Inspirationen. Sie erkennen die Gesetze des physischen Daseins, wissen also, wie die »Räder des Lebens« ineinandergreifen, und bereichern diese darüber hinaus mit Ideen, die ihnen zufallen. Auch viele Psychologen, Therapeuten, Lehrer, Sozialarbeiter, Ärzte und Krankenpfleger mit dieser astrologischen Kombination bestätigen, dass sie jenseits von Wissen und Erfahrung über Quellen verfügen, die ihnen bei ihrer Arbeit von unschätzbarem Nutzen sind.

Grundsätzlich verfügt jeder Mensch mit Aszendent Jungfrau über einen Zugang und »bedient« damit sich selbst und seine Mitmenschen, erteilt Ratschläge, verweist auf Gefahren und Risiken, spricht Warnungen aus. Wenn man allerdings den Himmel als Ziel aus den Augen verliert und sich nur noch am irdischen Alltag orientiert, läuft man Gefahr, alles und jeden zu »benoten«. Daraus wird dann schnell Schwarzmalerei und Defätismus. Es gibt Menschen mit diesem Aszendenten, die die Angewohnheit haben, jeden Impuls mit dem typischen Aszendent-Jungfrau-Satz »Das klappt sowieso nie!« im Keim zu ersticken. Dass sie dann oft auch noch recht behalten, macht das Ganze nur noch schlimmer.

Fraglos befähigt dieser Aszendent zum »zweiten Gesicht«. Man vermag Phänomene zu »sehen«, die anderen verborgen bleiben, und besitzt »magische Flügel«, die in die Zukunft tragen. Dieses Wissen aber gilt es behutsam und verantwortlich einzusetzen. Sonst richtet es mehr Unheil an, als es Gutes bringt.

Im Alter wird die Kenntnis dessen, was auf die Jungfrauaszendenten zukommt, immer größer, bis sie wissen, was sie erwartet, wenn sie einmal hinübergegangen sind in ein neues Leben.

Aszendenten-Check

Wie ergänzen sich Sonne und Aszendent? Das Sonnenzeichen Löwe und das Aszendentenzeichen Jungfrau ergänzen sich nicht automatisch und haben zur Folge, dass man unterschiedliche Ansprüche an sich stellt: Einerseits fühlt man sich dem feurigen Element Löwe verpflichtet, liebt das Spontane und Direkte, andererseits ist man infolge des Jungfrauaszendenten ein eher vorsichtiger Mensch. Im Leben geht es darum, beide Seiten miteinander in Einklang zu bringen.

Aszendent Waage – Die Liebe finden

Aszendentenstärken Anmutig, charmant, stilvoll, liebesfähig
Aszendentenschwächen Abhängig, unecht

Menschen mit dem Aszendenten Waage sind die personifizierte Harmonie und verbreiten eine friedliche, angenehme Stimmung. Das Sein erleben sie dual, das heißt stets aus doppelter Perspektive. Bezieht jemand eine bestimmte Position, dann übernehmen sie beinah automatisch die entgegengesetzte. Dazu benötigen sie noch nicht mal ein Gegenüber. Auch in sich selbst geht es stetig hin und her, als gäbe es dort zwei sich widersprechende Parts und Perspektiven. So wie sie die jeweilige Gegenposition vertreten, können sie aber auch dann, wenn derartige Polaritäten schon gegeben sind, den gemeinsamen Nenner finden. Sie verbinden, vermitteln, gleichen aus, führen zusammen.

Menschen mit Waageaszendent werden in solche Familien und Ehen hineingeboren, in denen der Hausfrieden »schief« hängt. Wenn sich ein Paar streitet oder gar an eine Trennung denkt, kommt ein Kind mit Aszendent Waage, um in einem vielleicht letzten Versuch die Ehe zu kitten. Solche Kinder sind regelrechte Genies darin, bei Streithähnen Frieden zu stiften. Sie bringen einen »Sternenstaub der Versöhnung« auf die Erde, mit dem sich eine Trennung oft genug hinausschieben lässt. Diese Gabe haben auch Menschen, die unter dem Sternzeichen Waage geboren werden. Sie sind sogar noch erfolgreicher darin, Ehen zu retten. Wer mit dem Aszendent Waage geboren wird, so habe ich mehrfach festgestellt, schiebt die Trennung eher auf, als dass er sie für immer verhindern könnte.

Die Bedeutung des Aszendenten liegt in der Betonung der Eigenheit oder Persönlichkeit, die einen Menschen ausmacht. Er ist Motor für das Bestreben, sich aus dem Sog der Familie und des Clans zu befreien, um ein eigenes Leben zu führen. Darum muss er irgendwann sein »Nest« verlassen und sein verbindendes Wirken aufgeben. Dennoch erleben Menschen mit dem Aszendenten Waage es dann doch als eine innere Niederlage, wenn sich ihre

Eltern trennen. Sich die Logik klarzumachen, die dem Aszendenten innewohnt, vermag dann durchaus eine Hilfe zu sein.
Auch im Erwachsenenalter bleiben Menschen mit Waageaszendent der Liebe verpflichtet. Sie verschenken sie großzügig, wenn sie sie gefunden haben, und sind voller Inbrunst auf der Suche nach ihr, wenn sie ihnen gerade »entwischt« ist. Eigentlich jedoch ist ihr ganzes Leben ein Warten auf die ganz große Liebe. Warum bloß, wird man fragen, finden Menschen, die für die Liebe geboren sind, diesen einen und einzigen Partner so selten?
Die Antwort lautet: Es gibt ihn so nicht. Ein Partner, der Liebe pur ausstrahlt, nach Liebe riecht, nach Liebe schmeckt, ein Partner voller innerer und äußerer Schönheit, der göttlich lieben, sich geistreich unterhalten, sich vollständig hingeben kann und dennoch immer er selbst bleibt: Wo, bitte, findet sich solch ein Mann, solch eine Frau? Es ist der enorme Anspruch, der Menschen mit diesem Aszendenten im Wege steht. Er ist schlicht und einfach *zu* hoch. Die große Liebe der Waageaszendenten findet keine Erfüllung bei einem Wesen aus Fleisch und Blut. Erst wenn ihre Liebe zum Geschenk an das Leben wird – an ein Gedicht, an Musik, einen Baum –, fühlen sie sich am Ziel. Dann können sie jemanden auch aus ganzem Herzen lieben, weil diese Liebe nicht mehr so groß sein muss.
Vor allem im Alter strahlen Menschen mit Aszendent Waage eine Liebe aus, die auf niemand Bestimmtes mehr ausgerichtet ist und dennoch jedem zukommt. Dann wird auch irgendwann der Tod ein Teil des Lebens und verbindet sich mit ihm.

Aszendenten-Check

Wie ergänzen sich Sonne und Aszendent? Das Sonnenzeichen Löwe und das Aszendentenzeichen Waage passen recht gut zusammen. Man verfügt damit über einen großen Einfallsreichtum und über eine enorme Schöpferkraft. Man muss sogar aufpassen, den Kontakt zur Realität nicht zu verlieren.

Aszendent Skorpion – Unsterblich werden

Aszendentenstärken Furchtlos, unergründlich, bewahrend, leidenschaftlich

Aszendentenschwächen Misstrauisch, starr

Von dem großen Propheten Mohammed stammt der Satz: »Stirb, bevor du stirbst.« Und der Mystiker Jakob Böhme hat gesagt: »Wer nicht stirbt, bevor er stirbt, der verdirbt, wenn er stirbt!« So oder ähnlich lautet auch der Leib-und-Magen-Spruch von Menschen, die unter dem aufgehenden Skorpionzeichen geboren wurden. Das bedeutet in gar keiner Weise, dass sie real gefährdeter wären als andere. Im Gegenteil, Menschen mit dem Skorpion als Aszendent werden älter als die meisten und scheinen dabei noch robuster, also gesünder zu bleiben als ihre Zeitgenossen. Es geht auch beileibe nicht immer gleich um Leben und Tod. Diese beiden Wörter stehen nur symbolisch für das duale Lebensspiel, dem alles folgt: Kommen und Gehen, Begegnen und Trennen, Halten und Loslassen, Tag und Nacht, Plus und Minus. Jeder Mensch hat sich dieser Dualität zu stellen. Aber wer unter dem aufsteigenden Skorpionzeichen geboren wurde, ist ihr besonders ausgeliefert. Er muss in diesem »Fach« seinen Meister machen.

Ein wichtiger »Prüfungsstoff« auf dem Weg dorthin lautet, dem Schein zu misstrauen. Schon als Kinder entwickeln unter diesem Zeichen Geborene einen Blick für alles Falsche, Seichte und Aufgesetzte und schneiden notfalls tief ins »Fleisch«, wenn sie einen faulen Herd vermuten. Wozu? Weil Schwäche, Falschheit und Unaufrichtigkeit keinen Bestand haben vor dem Tod. Nur echte und starke »Materialien« können der Vergänglichkeit trotzen. Das bezieht sich auch auf ihre Beziehungen. Jeden potenziellen Partner, dem sie begegnen, unterziehen diese Aszendenten bewusst oder unbewusst einem sofortigen Check, um herauszufinden, ob der andere ihrem Wunschpartner entspricht, ob sie mit ihm – symbolisch gesagt – »dem Tod trotzen« können.

Kinder gehören natürlich zum Lebensskript dieser Menschen. Sie stehen sogar ganz oben in der Karmaliste. Von hundert Skorpionaszendenten bekommen 99 mindestens ein Kind – weil Kinder die sicherste Waffe gegen den Tod sind. In ihnen lebt es doch weiter, das Blut, das Erbe, der Name, die Erinnerung. Dass diese Regel nicht für jeden mit Aszendent Skorpion zutrifft, liegt lediglich daran, dass ein Horoskop eben nicht nur aus dem Aszendenten besteht.

Der Aszendent Skorpion verbindet ebenso mit den Ahnen. Es fällt einem daher immer auch die Aufgabe zu, sich um die Vergangenheit zu kümmern, sie in Ehren zu halten und sie – wenn nötig – in ein anderes Licht zu rücken, um (Karma-)Schulden einzulösen. Aber es existiert auch ein anderer Weg der Unsterblichkeit. Ich weiß von Menschen mit diesem Aszendenten, die keinerlei Angst mehr vor dem Leben haben und damit auch nicht vor dem Tod. Sie wissen, dass es immer weitergeht. Sie nehmen jeden Moment ihres Daseins als das Einzige, was zählt. Insofern sind sie unsterblich und ewig geworden. Diese Gnade erwächst aus der Hingabe an das Leben von Moment zu Moment, wie es im Aszendenten Skorpion angelegt ist. Wenn sich diese Energie aufrichtet, nach oben steigt, wird sie frei von jeglicher Schwere. Die Astrologie schuf dafür ein wunderbares Bild: Sie erhob den erlösten Skorpion zum weisen Adler. Befreit aus der Enge des stacheligen Skorpionpanzers entweicht dieser Vogel und hebt sich in den Himmel der Unendlichkeit.

Von Moment zu Moment leben bedeutet aber auch, jeden Augenblick loszulassen – auch dann, wenn es dereinst hinübergeht in eine andere Welt.

Aszendenten-Check

Wie ergänzen sich Sonne und Aszendent? Das Sonnen- und das Aszendentenzeichen sind sehr verschieden, was zu Spannungen führt. Am schwierigsten ist es, damit fertigzuwerden, dass man sowohl tiefe Bindung und Hingabe sucht – das »Erbe« des Skorpionaszendenten – als auch selbständig und unabhängig bleiben möchte, was wiederum eine Folge des Löwenaturells ist.

Aszendent Schütze – Seelenheiler werden

Aszendentenstärken Optimistisch, aufgeschlossen, mitreißend, jovial, beseelend
Aszendentenschwächen Unrealistisch, leichtgläubig

Eine Seele, die sich inkarniert, während sich im Osten das Tierkreiszeichen Schütze in den Himmel schiebt, wird immer von Trost und Hoffnung begleitet. Wer unter diesem Aszendenten geboren wird, dem haften wundersame Fähigkeiten an: Er vermag Wunden zu heilen, die die Zeit geschlagen hat, und kann – Engeln oder kleinen Göttern gleich – dem Schicksal Schönheit und Würde verleihen.
Noch bei jedem Menschen mit dieser Konstellation, der in meine Praxis kam, gab es in der Vergangenheit ein Unglück, das nach menschlichem Ermessen nicht hätte geschehen müssen. Angehörige starben beispielsweise bei einem unnötigen Einsatz im Krieg oder wegen fehlender oder falscher medizinischer Hilfe. Solche Tragödien werden in den Familien nicht ad acta gelegt, sondern an spätere Kinder weitergegeben, die dann mit einem Aszendenten Schütze auf die Welt kommen. Diese nehmen sich auf ihre Weise des »Versagens« vergangener Zeiten an und versuchen, das Schicksal von damals durch ihre Lebensführung zu verändern. Sie wollen verhindern, dass es noch einmal so schrecklich zuschlägt. Niemand bittet diese Menschen um Hilfe oder gar um Vergeltung. Nur die wenigsten von ihnen werden sich jemals bewusst darüber, was sie eigentlich tun. Und dennoch macht sich ein Anteil in ihnen von Kindesbeinen an auf den Weg, in das Schicksal einzugreifen. Sie kommen auf die Welt, öffnen die Augen und würden, könnten sie sprechen, sagen: »Jetzt komme ich und vertreibe eure Sorgen und bringe Hoffnung. Jetzt wird alles gut.«
Menschen mit diesem Aszendenten sind häufig noch mit achtzig fit und treiben gar Sport. Sie bleiben auch im Kopf rege. Zuweilen fällt ihnen die große Gnade zu, bewusst und klaren Geistes die Schwelle des Todes zu übertreten – wissend, dass dies nicht das Ende ist.

Aszendenten-Check
Wie ergänzen sich Sonne und Aszendent? Man verfügt über beides, Inspiration und Liebe. Was man mit dieser Anlage braucht, sind Ziele, die begeistern, und Menschen, die sich begeistern lassen. Es besteht allerdings auch ein Hang zu Autoritätskonflikten, den man überwinden sollte, will man die großen Aufgaben meistern, die diese Anlage impliziert.

Aszendent Steinbock – Wahrhaftig werden

Aszendentenstärken Sachlich, objektiv, gerecht, zäh, erfahren
Aszendentenschwächen Hart, kalt

Das Sternzeichen Steinbock regiert auf der nördlichen Halbkugel der Erde die kalte Jahreszeit. Daher begleitet auch jeden, der unter diesem Aszendenten auf die Welt kommt, ein Hauch winterlicher Stimmung – obwohl ihre Geburt schon in das Ende des Winters fällt. Damit verbunden ist eine große Widerstandsfähigkeit, auch wenn die nicht immer gleich vom ersten Atemzug an erkennbar ist. Menschen mit Steinbockaszendent kommen sogar öfter zart besaitet, zuweilen sogar mit einer Schwäche auf die Welt. Aber das Leben konfrontiert sie von Anfang an mit Härtetests nach dem Motto »Gelobt sei, was hart macht« bzw. »Du schaffst es, oder du hast hier nichts verloren«. Dieser rauhe Empfang verfolgt nur den einen Zweck: Widerstandskraft zu wecken, abzuhärten und einzustimmen auf ein Leben, das viel von einem verlangt. Das Neugeborene bekommt aber auch bedeutsame Unterstützung: Dieser Mensch wird Gipfel stürmen. Etwas Besonderes leisten. Ruhm und Ehren erlangen. Er wird kein Schwächling werden, keine »Schande« bringen, kein x-beliebiges Rädchen im Getriebe des Lebens sein. Wenn ein Kind mit Aszendent Steinbock das Licht der Welt erblickt, überkommen Familie und Sippe großer Stolz. Aber es zieht zugleich Kühle ein. Diese Kinder werden weder Wärme noch Gemütlichkeit verbreiten. Mit ihnen kann man auch nicht stundenlang zärtlich schmusen.

Lässt man mal fünf gerade sein, fühlt man sich in ihrer Nähe sogar ein wenig schuldig.

Später sind sich Menschen mit Aszendent Steinbock ihrer selbst sicher und leben nach festen Prinzipien und Regeln. Durch ihre Klarheit gehen sie ihrem Umfeld oft als Beispiel voran, geben Orientierung und stehen mit gutem Rat bereit. Sie beeindrucken vor allem durch ihre Standfestigkeit, weswegen sie in Notsituationen gern aufgesucht werden. Ihre Geradlinigkeit und Sachlichkeit scheinen sie unanfechtbar zu machen. Und doch können gerade diese Eigenschaften sie ins Schleudern bringen. Denn wenn man zu sehr an der Materie haftet, wird man mit der Zeit hart und spröde.

Falls man meint, die Bestimmung bestehe ausschließlich darin, sich gegen die Wogen des Lebens zu stemmen, um erfolgreich zu sein, nimmt mit fortschreitendem Alter der Körper eine verspannte Haltung ein. Vor allem Rücken und Knie sind davon betroffen. Wenn man hingegen sein Handeln auf der Erde als vorübergehend betrachtet und die Ausrichtung nach oben nicht verliert, erfährt man durch kosmische Fürsorge den Trost, den man für sein hartes Dasein braucht. Vor allem aber erfährt man sein Leben als getragen von Sinn und Bestimmung. Von solchen Menschen geht dann tatsächlich ein inneres Leuchten aus, das anderen Kraft und Sicherheit verleiht.

Im Alter wird alles leicht. Die Unbeschwertheit vermischt sich mit Weisheit und schenkt den Betreffenden glückliche Jahre, so dass sie, kommt dereinst der Tod, leichten Fußes in die andere Welt hinübergehen können.

Aszendenten-Check

Wie ergänzen sich Sonne und Aszendent? Das Sonnenzeichen Löwe und das Aszendentenzeichen Steinbock verkörpern völlig entgegengesetzte Kräfte. Als Folge des Löwenaturells ist man großzügig veranlagt. Das Steinbockpotenzial jedoch setzt einen unter Druck und verlangt, vorsichtig, kritisch und distanziert vorzugehen. Dieser Widerspruch kann dazu führen, anderen gegenüber sehr hart zu werden, was Schwächen und Fehler betrifft. Im Laufe des Lebens wird allerdings aus dem »Entweder-Oder« ein »Sowohl-als-auch«. Man vollbringt das »Kunststück«, Leichtigkeit und Schwere, Muse und Alltag miteinander zu verbinden.

Aszendent Wassermann – Einmalig werden

Aszendentenstärken Human, frei, unkonventionell, erfinderisch, individualistisch
Aszendentenschwächen Exzentrisch, nervös

Ein Mensch, der auf die Welt kommt, während am östlichen Horizont das Sternzeichen Wassermann aufgeht, ist voller Rätsel: Wer ist er? Woher stammt er? In aller Regel gleicht er weder der Mutter noch dem Vater, so dass zumindest bei Letzterem früh Zweifel an seiner Vaterschaft aufsteigen. Aber auch die Mutter blickt skeptisch auf ihr Kind und fragt sich im Stillen, ob es womöglich nach der Geburt vertauscht wurde, so wenig ähnelt es ihr oder ihrem Mann. Zunächst verwirren äußerliche Merkmale wie Nase, Augen und Haarfarbe. Später kommen Irritationen über sein Wesen und sein Verhalten dazu. Beinah befremdlicher ist jedoch die Tatsache, dass der Nachwuchs sein Anderssein anscheinend auch noch kultiviert. Er widersetzt sich allen Erwartungen und wehrt sich vehement dagegen, in irgendein Schema gepresst zu werden.
Was Menschen mit einem Wassermannaszendenten nicht ausstehen können, sind Gesetze und Regeln a priori. Sie hassen alles, was so ist, weil es so ist oder so zu sein hat. Für sie zählen Einsicht, Vernunft und Verstehen. Man könnte auch sagen, sie folgen einer Moral, die schon vor ihrer Geburt in ihr Hirn gepflanzt wurde.
Menschen mit Wassermannaszendent stehen von Kindheit an mit Autoritäten auf dem Kriegsfuß. Heftige Auseinandersetzungen während der Pubertät bleiben bei diesem ausgeprägt individualistischen Charakter kaum aus. Dass es solche Kinder früh aus dem

Haus zieht, ist nur konsequent. Man lasse sie gehen. Sie finden ihren Weg hinaus – und auch wieder einen zurück.

Im Erwachsenenalter kommen auch diese lebhaften Wesen etwas zur Ruhe. Sie dürfen aufatmen. Allerdings sollten sie sich tunlichst ersparen, in einem allzu autoritären und hierarchisch gegliederten Umfeld zu arbeiten und zu leben. Das klappt mit diesem Aszendenten nicht. Passend sind Berufe mit kreativem Potenzial und möglichst offenen Arbeitszeiten. Vierzehn Stunden als Beleuchter beim Film, wovon nur acht Stunden bezahlt werden, machen zufriedener denn verbriefte acht Stunden als Beamter auf Lebenszeit. Menschen mit Aszendent Wassermann werden auch aus einem ersten Kuss nie gleich ein »Immer und ewig« machen. Sie sind ausgesprochen freiheitsliebende Wesen, die sich erst dann binden wollen, wenn sie viel Erfahrung gesammelt haben.

Das Alter überrascht: Sofern sie ihre Individualität und Besonderheit gelebt haben, erwartet sie ein vergnüglicher Lebensabend, an dem sie ihrem Bedürfnis nach Freiheit und Unabhängigkeit unvermindert nachgehen können. Haben sie sich jedoch diesen Drang »verkniffen«, können sie unter Umständen absurde Gewohnheiten entwickeln. Kommt dann der Tod, ist ihre Seele neugierig und gespannt, was dahinter beginnt.

Aszendenten-Check

Wie ergänzen sich Sonne und Aszendent? Das Sonnenzeichen Löwe und das Aszendentenzeichen Wassermann liegen sich im Tierkreis genau gegenüber, stehen also für entgegengesetzte Qualitäten: Einerseits ist man löwehaft feurig und orientiert an dem, was einem persönlich Genuss verschafft, andererseits (Wassermann) interessiert einen auch das Wohlergehen der Mitmenschen. Man kommt mit diesen beiden Seiten umso besser klar, je mehr man sich selbst zugesteht, zwei gegensätzlichen Anlagen ausgesetzt zu sein, und nicht versucht, sich nur in eine einzige Richtung zu lenken.

Aszendent Fische – Ein Mystiker werden

Aszendentenstärken Geheimnisvoll, intuitiv, sensibel, mitfühlend, mystisch

Aszendentenschwächen Unsicher, unrealistisch

»Tat twam asi«: Dieser Satz entstammt der indischen Philosophie und besagt, dass Objekt und Subjekt, Ich und Du, nicht getrennt, sondern eins sind. Der große Philosoph Arthur Schopenhauer (1788–1860) bezieht sich auf diesen Satz, wenn er über das Mitleid oder Mitgefühl philosophiert. Er sieht die metaphysische Grundlage des Mitgefühls darin, dass wir im Grunde alle eins sind. Wir selbst sind es also, die im anderen leiden. Und wir helfen daher der eigenen Person, wenn wir praktisches Mitleid üben.

Tiere haben kein Mitgefühl oder höchstens Spuren davon. Kleinkinder können unendlich grausam sein und zeigen in aller Regel lange nichts von diesem Mitleiden, das Heranwachsende und Erwachsene zuweilen überfällt. Menschen mit dem Aszendenten Fische sind besonders davon betroffen. Ihr Herz krampft sich zusammen, wenn sie an einem Bettler vorbeigehen. Es kann ihnen die Tränen in die Augen treiben, wenn sie andere leiden sehen. Wann immer sie jemand braucht, sind sie zur Stelle. Selbstverständlich. Sich ständig ausnutzen zu lassen geht natürlich auch nicht. Manche Menschen mit Fischeaszendent verzweifeln an ihrer Empathie, weil sie von dem, was sie geben, nie etwas zurückerhalten. Es kommt sogar nicht selten vor, dass jemand mit diesem Aszendenten regelrecht hart und abweisend wird. Aber das ist nur ein Schutz gegen den weichen Kern und schadet letztlich dem Karma. Kinder mit Fischeaszendent sind zarte, sensible, sehr »durchlässige« Wesen, die die Gefühle anderer unmittelbar aufnehmen. Umgekehrt erkennt man sofort, wie es ihnen geht. Sind sie verstimmt, leiden sie, und zwar still und leise. Meist ist die Ursache ihres Kummers die Familie, für deren Schwierigkeiten sie sich »zuständig« fühlen. Die Pubertät kann schrecklich sein. Mit allen Mitteln wird um Anerkennung und Liebe gerungen, und man erliegt doch immer wieder dem »Wasser«, verliert sich und geht unter. Glück hat, wer in seiner Familie mit Toleranz und Verständnis aufwächst. Das Unglück wiederum häuft sich zu einem Berg, wenn einem auch noch die Eltern vorwerfen, nicht so zu funktionieren wie andere. Das setzt sich im Erwachsenenalter fort. Nur sind es jetzt Chefs und Kollegen, von denen man abhängig ist. Menschen mit Fischeaszendent werden es sicher leichter haben, wenn sie in künstlerischen oder sozialen Bereichen arbeiten können. Dennoch sind es letztlich die Mitmenschen, die einem das Leben leichter oder schwerer machen, egal, ob man Krankenschwester oder Verkäuferin in einem Supermarkt ist.

Das Alter bringt hier die große Erleichterung. Dann endlich können die Betreffenden loslassen und müssen niemandem mehr was beweisen. Bis dahin haben sie dann auch längst herausgefunden, dass Alleinsein nicht Einsamkeit bedeutet, sondern sich dabei viel eher das Gefühl einstellt, »all-eins« zu sein. Das Loslassen schafft zudem Raum für neue Interessen oder versteckte Fähigkeiten. Vielleicht ergibt sich ein künstlerisches Hobby. Ich kenne Frauen, die noch mit siebzig Astrologie oder alternative Heilverfahren studieren.

Je älter sie werden, umso stiller und zurückgezogener leben Menschen mit diesem Aszendenten – vorausgesetzt, sie sind im Frieden mit ihrem Karma. So können sie dann auch irgendwann auf dem Strom des Lebens hinübertreiben in die Anderswelt.

Aszendenten-Check

Wie ergänzen sich Sonne und Aszendent? Diese Mischung macht sehr widersprüchlich, denn man will sowohl allein sein als auch viel sozialen Kontakt genießen.

Der Mond – Die Welt der Gefühle

Die Welt, die monden ist

Vergiss, vergiss, und lass uns jetzt nur dies
erleben, wie die Sterne durch geklärten
Nachthimmel dringen, wie der Mond die Gärten
voll übersteigt. Wir fühlten längst schon, wie's
spiegelnder wird im Dunkeln, wie ein Schein
entsteht, ein weißer Schatten in dem Glanz
der Dunkelheit. Nun aber lass uns ganz
hinübertreten in die Welt hinein, die monden ist.

Rainer Maria Rilke (1875–1926)

Die Bedeutung des Mondes

In einem Schöpfungsmythos heißt es, der Mond sei ein Kind der Erde. Ein anderer beschreibt ihn als Teil unseres Planeten, den dieser aus sich herausgerissen und in den Himmel geschleudert habe, um damit Raum für das Wasser der großen Ozeane zu schaffen. Und dieses Wasser brachte der Erde Fruchtbarkeit. Zu letzterer Geschichte würde passen, dass das Volumen des Mondes, großzügig bemessen, etwa so groß ist wie der Raum, den alle Meere zusammen einnehmen.

Unter den Gestirnen am nächtlichen Himmel ist der Mond uns am nächsten und am vertrautesten. Er nimmt der Nacht ihre tiefe Dunkelheit und schenkt damit Trost und Hoffnung. Er ist uns so vertraut, dass wir in ihm menschliche Umrisse zu erkennen meinen: Seine Schatten bilden ein Gesicht, wir sehen eine alte Frau oder den Mann im Mond mit einem Reisigbündel auf dem Rücken. Er ist Gegenstand von Traumwelten. Wir besingen ihn in Gedichten und kraxeln mit Münchhausen an der Bohne zu ihm hoch oder umkreisen ihn mit Jules Verne.

Blicken wir zum Mond, erfahren wir Wandel und Veränderung: Täglich ist er ein Stück größer oder kleiner und geht früher oder später auf und unter. Manchmal ist er überhaupt nicht zu sehen, und dann wieder scheint er so hell, dass die Nacht fast zum Tag wird. Nimmt er zu, taucht er schon am Nachmittag als bleiches, fast durchsichtig erscheinendes Gebilde am Himmel auf, das von Stunde zu Stunde kräftiger wird, bis es sich hellweiß vom blauen Himmel abhebt. Nimmt er ab, bleibt er noch lange am Tageshimmel wie ein Phantom, das immer blasser und formloser wird, um sich schließlich wie ein Wolkengespinst in nichts aufzulösen. Das Geheimnisvolle, das Veränderliche, das Tröstende und das Ängstigende, das sind die unmittelbaren Begleiter des Mondes.

Als Gegenspieler zur brennenden Sonne bringt der Mond erfrischende Kühle. Und das ist eine wichtige Qualität. Vor allem in der südlichen Hemisphäre, besonders in den unendlichen Weiten der Wüsten, galt der Mond schon immer als Manifestation von Fruchtbarkeit, und das einfach deswegen, weil während eines Großteils des Jahres allein die Nacht die Kühle bringt, die Mensch und Natur benötigen, um zu leben und zu überleben. Die sich füllende und wieder leerende Schale am Himmel ist dort ein Symbol für Quelle und Wasser und damit für die wichtigsten »Schätze« der Wüste. Dass ein Land wie Tunesien, dessen Gebiet sich zu einem großen Teil über die Sahara erstreckt, den Mond in seinem Wappen trägt und ihm damit ein überragendes Denkmal setzt, ist weder ein Wunder noch ein Zufall.

Vom Wasser und Fruchtbarkeit bringenden Mond ist es nur ein kleiner Schritt zum größten Mysterium des Lebens, nämlich zu Schwangerschaft und Geburt. Die Astrologie verbindet den Mond mit dem Urweiblichen – von der Empfängnis über die Schwangerschaft und Geburt bis hin zum mütterlichen Stillen und dem Muttersein selbst. Die offensichtlichste Analogie zwischen Frau und Mond ist natürlich, dass sein Lauf von einem Vollmond bis zum nächsten genauso lange dauert wie ein weiblicher Zyklus, nämlich vier Wochen.

In allen Mythen, Geschichten und Erzählungen über den Mond wird er als weiblich, die Sonne hingegen als männlich gesehen. In den romanischen Sprachen setzt sich diese Tradition fort: So heißen Sonne und Mond im Italienischen *la luna* und *il sole*, im Französischen *la lune* und *le soleil.* Warum der Mond im Deutschen männlich, die Sonne hingegen weiblich ist, mag ein zufälliger Dreher sein. Zu vermuten ist allerdings, diese Zuordnung könnte bedeuten, dass in unserer Sprache ein Wechsel geschlechtsspezifischer Prägung möglich ist – mit allen Vor- und sämtlichen Nachteilen.

Der Mond also – gemeint jedoch ist die »Möndin« – stellt die Verkörperung alles Weiblichen dar. Dass dies automatisch nur auf Frauen zutreffen muss, ist damit keineswegs gesagt. Warum sollte ein Mann nicht »weiblich« sein können – und umgekehrt eine Frau nicht auch »männlich«? In manchen »Mondländern« jedenfalls ist die überkommene Fixierung der Geschlechterrollen zum Teil unerträglich: Es ist für die Gesellschaft sicher wichtig, dass Frauen als potenziellen Müttern Achtung entgegengebracht wird; aber es ist *ver*achtend, ihnen darüber hinaus keine Aufgaben zuzugestehen. Dass sie, wenn sie keine Kinder mehr bekommen können, nicht viel mehr »wert« sein sollen als eine Ziege oder ein Kamel, verletzt schlichtweg die Menschenwürde.

Zurück zum Mond: Er empfängt, geht schwanger, gebärt, nährt, hegt und pflegt. Genau das Gleiche »macht« er in unserem Horoskop, also mit uns: In dem Tierkreiszeichen, in dem er sich bei der Geburt gerade befindet, ist sein Standort, sein Zuhause. Dort will und muss er seiner Bestimmung nachkommen und wird im Laufe eines menschlichen Lebens empfangen, schwanger werden, gebären, nähren, hegen und pflegen.

Darin unterscheidet sich der Mond von der Sonne, die Energie und Vitalität in uns entzündet und damit Lebensfreude und Schaffenskraft stiftet. Der Mond empfängt. Er bekommt die Kraft und das Licht der Sonne, um zu leuchten, so wie in der traditionellen Rollenverteilung die Frau des Schutzes und der Versorgung durch den Mann bedarf. Aber der Schluss, Mondlicht wäre nur reflektierter Sonnenschein, ist falsch. Die Astrologie weiß von ureigenen Kräften des Erdtrabanten. Er transformiert Sonnenenergie. Um sich wenigstens etwas von dieser Umgestaltungskraft vorstellen zu können, sei auf den Vorgang von Zeugung und Schwangerschaft verwiesen: Der Same wäre dann der »Beitrag« der Sonne (des Mannes). Dass daraus schließlich ein menschliches Wesen wird, wäre wiederum die »Zugabe« des Mondes (der Frau). Bei der Sonne fragt der Astrologe: »Was kann ich? Wo ist mein größtes Potenzial?« Beim Mond fragt er: »Wo bin ich zu Hause? Wo fühle ich mich wohl? Wie erlebe und fühle ich? Wo will ich ›gebären und fruchtbar werden‹?« Und das ist natürlich in keiner Weise »nur« aufs Kinderkriegen beschränkt.

Der Mond als sich wandelnder himmlischer Geist war aber auch schon immer ein Symbol für das Innenleben. Verweist uns die Sonne auf unsere Fassade, die äußere Erscheinung, mit der wir uns der Welt präsentieren und von der wir uns wünschen, dass uns andere auch so erleben, verrät uns der Mond unsere Empfindungen, unsere Gefühle. Darüber sprechen wir nicht mit jedem, wir offenbaren sie nur den Menschen, die uns nahe sind und denen wir vertrauen. Das Sternzeichen, der Stand der Sonne, beleuchtet unser öffentliches Sein. Der Mond hingegen spielt im zwischenmenschlichen und damit eher im privaten Sein eine große Rolle.

Aber es geht noch tiefer, wird noch geheimnisvoller: Der Mond ist nicht nur zuständig für unser Innenleben. Er blickt auch in einem übergeordneten Sinn »dahinter«: Der Mond – die »Möndin« – öffnet ein Fenster in eine andere Dimension. In unserer westlichen Zivilisation ist der Zugang meist nur wenigen begnadeten Seelen möglich. Oft sind das Künstler. Ein wunderbares Beispiel ist das Gedicht von Rainer Maria Rilke über den Mond, das diesem Kapitel als Einstimmung vorangestellt ist. Aber auch während eines Sommeraufenthalts in Italien oder Griechenland lässt sich etwas vom Mythos Frau Lunas erahnen, dann nämlich, wenn sich wie aus dem Nichts heraus am helllichten Tag ein Geist am Himmel offenbart, der sehr viel später erst zum Mond wird. Noch viel deutlicher aber ist es in der Wüste, der Urheimat der Astrologie. Dort ist der Trabant kein fremdes Gestirn, sondern eine Göttin, die sich am Himmel zeigt und einen Türspalt offen lässt für diejenigen, die bereit sind, hinüberzuschauen. Der Mond verkörpert auch die heilige Schale der Taufe und die Einweihung in die Geheimnisse des Seins. Dort, wo er im Horoskop steht, findet sich die Gnade, an übersinnlichen Erfahrungen teilzuhaben. Er ist eine Pforte in das Reich der Mystik und Spiritualität. Der Mond führt zu Gott, nicht unser Zentralgestirn.

Frauen sind dem astrologischen Mond näher als ihrer Sonne. Sie müssten sich daher eigentlich auch eher an ihrem Mond- als an ihrem Sternzeichen orientieren. Es ist aber so, dass sich die gängige Astrologie an der Sonne und damit am Männlichen ausrichtet: Ein Sonnen- oder Sternzeichenhoroskop findet man beinah in jeder Zeitung, das Mondzeichenhoroskop hingegen in keiner einzigen.
Je mehr eine Frau allerdings aus ihrer klassischen Rolle einer Mutter und Hausfrau herauswächst und »ihren Mann steht«, desto stärker wird sie auch ihre Sonne leben. Allerdings wäre es völlig falsch, wenn sie den Mond dann unberücksichtigt ließe. Eine bewusste und emanzipierte Frau schöpft aus beiden: Führungsaufgaben, die von Männern grundsätzlich hierarchisch gelöst werden, packen Frauen anders an. Sie lassen mehr Nähe (Mond) zu und motivieren ihre Mitarbeiter dadurch auf einer persönlicheren Ebene. Auch bei Entscheidungen sind Frauen, die sowohl Logik (Sonne) als auch Intuition (Mond) zulassen können, Männern überlegen, die sich nur nach der Sonne richten.
Während Frauen ihren Mond eher unmittelbar selbst leben, neigen Männer dazu, sich eine Frau zu suchen, die ihrem Mond entspricht. Insofern gelten die Aussagen über die einzelnen Mondpositionen für Männer nur indirekt, sie beschreiben sozusagen »Suchbilder«. Ein solches Bild bezieht sich dann auf die Frau, mit der man zusammenleben will und die möglicherweise sogar die Mutter gemeinsamer Kinder wird.

☾ Der Mond ist der Hausplanet oder das herrschende Gestirn des Krebszeichens und übernimmt auch das Element des Zeichens, also Wasser. Das astrologische Symbol besteht aus zwei Halbkreisen – dem Ursymbol des Seelischen.

Auf den folgenden Seiten finden sich die zentralen Eigenschaften der zwölf Mondpositionen. Bei der individuellen Anwendung ist stets zu berücksichtigen, dass die Mondposition immer auch durch die Häuser und durch Verbindungen mit verschiedenen Gestirnen eine andere Färbung bekommen und im Einzelfall auch einmal stark von den hier genannten Deutungen abweichen kann.
Ihre exakte Mondposition lässt sich wieder über die Homepage des Autors herunterladen (www.bauer-astro.de).

Der Löwe und seine Mondzeichen

Der Mond im Zeichen Widder – Temperamentvoll

Mondstärken Unternehmungslust, Impulsivität, Direktheit, Selbständigkeit, Ichhaftigkeit, Suche nach eigenständiger Wirksphäre, intensives Phantasieleben, musikalische oder bildnerische Begabung, Ideenträger sein, Erspüren von Macht
Mondschwächen Aggressivität, Spannung, Ungeduld, Nervosität

Die Botschaft des Mondes lautet: »Das Leben ist ein immerwährender Kampf. Sei wachsam und bereit. Lass dich nicht unterkriegen, sondern versuch dir einen der vorderen Plätze im Leben zu ergattern. Das ist deine Bestimmung. Du brauchst zwar Pausen, in denen du auftanken kannst, aber zu lange darfst du dich nie dem aktiven Leben entziehen. Sonst könntest du zurückfallen und untergehen. Du brauchst Erfolgserlebnisse. Sie sind der Stoff, der dich am Leben hält. Sei immer auf der Hut!«

Mond-Check
Wie weiblich macht dieser Mond? Nicht besonders stark. Widder ist ein sehr männliches Zeichen.
Wie mütterlich macht dieser Mond? Man wird ein »Kumpel zum Pferdestehlen«, aber kein ausgeprägter Muttertyp.

Wie gefühlvoll macht dieser Mond? Er macht sehr feurig. Aber das bedeutet nicht, dass man in Gefühlen geradezu badet.
Wie intuitiv macht dieser Mond? Sehr sensibel und unglaublich phantasievoll.
Was braucht man mit diesem Mond? Wärme, Selbstbestätigung, Aufmerksamkeit, Anerkennung.
Für den Mann: Wie lautet das Suchbild »(Mond-)Frau«? Sie soll temperamentvoll, ichhaft, bestimmend, aktiv sein und darf ruhig auch den Ton angeben.

Der Mond im Zeichen Stier – Erdverbunden

Mondstärken Lebensfreude, Genuss, gefestigtes Gefühlsleben, Naturliebe, Musikalität, Sammelleidenschaft, Gutmütigkeit, Häuslichkeit, Geschmack
Mondschwächen Antriebsschwäche, Materialismus, Geiz, Gier

Die Botschaft des Mondes lautet: »Du bist ein Kind der Erde. Verbinde dich daher stets mit ihr. Hier findest du alles, was du brauchst. Lass die Erde auch deine Lehrmeisterin sein. Lerne von ihr. Beobachte, wie alles mit einem Samen – also klein – beginnt und mit der Zeit immer größer wird. Sei geduldig, und Größe und Reichtum sind dir sicher. Lerne auch von der Mutter Erde, dass alles einem Kreislauf folgt. Sei also bereit, zu bestimmten Zeiten loszulassen, um dann wieder neu empfangen zu können.«

Mond-Check

Wie weiblich macht dieser Mond? Sehr weiblich. Er ist beinah so etwas wie der Inbegriff von Weiblichkeit.
Wie mütterlich macht dieser Mond? Kinder und Familie gehören zu ihm.
Wie gefühlvoll macht dieser Mond? Er beschert ein sehr natürliches und selbstverständliches Gefühlsleben.
Wie intuitiv macht dieser Mond? Man fühlt sich den Geschöpfen

der Natur sehr nah und bezieht aus der Natur Kraft und Intuition.
Was braucht man mit diesem Mond? Seinen Platz, ein Zuhause, Sicherheit, einen gewissen Wohlstand.
Für den Mann: Wie lautet das Suchbild »(Mond-)Frau«? Sie soll praktisch, sinnlich und fürsorglich sein.

Der Mond im Zeichen Zwillinge – Heiter

Mondstärken Vielseitigkeit, Ausdrucksfähigkeit, Kontaktfreude, schriftstellerische Begabung, intuitives Erfassen anderer Menschen, gute Selbstdarstellung
Mondschwächen Oberflächlichkeit, Manipulation, Enttäuschungen, Zerrissenheit

Die Botschaft des Mondes lautet: »Du bist aus dem Element Luft geboren, leicht wie sie und grenzenlos. Das musst du dir als dein Lebensprogramm immer vor Augen halten: Niemand und nichts darf dich je einengen oder festhalten. Du wirst dich selbst binden und festsetzen, aber nie für immer und stets so, dass du jederzeit entweichen kannst. Deine Bestimmung ist, Menschen miteinander zu verbinden, ein Netz von Beziehungen zu erstellen. Unter Menschen fühlst du dich zu Hause.«

Mond-Check

Wie weiblich macht dieser Mond? Zwillinge ist ein männliches Zeichen und prägt entsprechend.
Wie mütterlich macht dieser Mond? Es ist absolut kein »Muttertyp« zu erwarten.
Wie gefühlvoll macht dieser Mond? Der Zugang zu tiefen Gefühlen fällt recht schwer.
Wie intuitiv macht dieser Mond? Menschen mit dieser Konstellation reagieren oft sehr intuitiv.
Was braucht man mit diesem Mond? Menschen um sich, Unterhaltung, Ansprache, Freunde.

Für den Mann: Wie lautet das Suchbild »(Mond-)Frau«? Sie soll kommunikativ, gebildet, unterhaltsam und freiheitsliebend sein.

Der Mond im Zeichen Krebs – Gefühlvoll

Mondstärken Für andere da sein, Erlebnistiefe, seelische Beeindruckbarkeit, ausgeprägtes Traumleben, starke unbewusste Kräfte, mütterlich und häuslich sein, starkes Innenleben, große Einfühlungsgabe, telepathische Fähigkeiten

Mondschwächen Täuschungen, unverstanden sein, Launenhaftigkeit, Mutterprobleme

Die Botschaft des Mondes lautet: »Du bist mir besonders nah. Fest sind wir miteinander verbunden. Daher veränderst du dich mit meinem Wandel: Werde ich schmäler, willst auch du dich verausgaben. Bin ich ganz verschwunden, ziehst du dich ebenfalls zurück. Umgekehrt ist es dir danach, dich zu zeigen, fröhlich und extravertiert zu sein, wenn ich wieder größer werde. Dir öffne ich auch – mehr als jedem anderen – ein Fenster, damit du hinüberschauen kannst in die Welt der Wunder.«

Mond-Check

Wie weiblich macht dieser Mond? Extrem weiblich.

Wie mütterlich macht dieser Mond? Eigene Kinder und eine Familie, für die man sorgen kann, gehören zu dieser Konstellation.

Wie gefühlvoll macht dieser Mond? Es entwickelt sich ein starkes Gefühlsleben.

Wie intuitiv macht dieser Mond? Träume und Intuition haben große Tiefe.

Was braucht man mit diesem Mond? Eine Familie, Kinder, immer wieder Zeit für sich.

Für den Mann: Wie lautet das Suchbild »(Mond-)Frau«? Sie soll die Mutter »seiner« Kinder werden, häuslich, liebevoll und fürsorglich sein.

Der Mond im Zeichen Löwe – Stolz

Mondstärken Darstellungskunst, Selbstvertrauen, Kreativität, Gerechtigkeitsempfinden, Unternehmungsgeist, schauspielerische Talente

Mondschwächen Theatralik, Übertreibung, Trägheit, Faulheit, Narzissmus

Die Botschaft des Mondes lautet: »Du hast einen besonders starken Mond, einen, der ständig in seiner vollen Größe zu sein scheint. Das führt dazu, dass du ein ausdrucksstarker, emotionaler Mensch bist. In dir entspringt eine Quelle ununterbrochener Kreativität und Inspiration, das äußert sich als starkes Phantasie- und Traumleben. Du musst Möglichkeiten finden, dein inneres Erleben nach außen zu transponieren. Du verkümmerst, wenn du dein Mondgeschenk nicht lebst.«

Mond-Check

Wie weiblich macht dieser Mond? Löwemond-Menschen sind feurig und stark.

Wie mütterlich macht dieser Mond? Sie übernehmen gern die Mutterrolle, um andere zu verwöhnen.

Wie gefühlvoll macht dieser Mond? Sie haben spontane, feurige Gefühle, verlieren sie aber auch schnell wieder.

Wie intuitiv macht dieser Mond? Licht und Wärme nähren ihre Intuition und führen zu großer Kreativität und Schöpferkraft.

Was braucht man mit diesem Mond? Feuer, Wärme, Sonne, aber auch Bestätigung und Achtung: Daraus besteht dieses Lebenselixier.

Für den Mann: Wie lautet das Suchbild »(Mond-)Frau«? Eine starke Frau soll es sein, der man gern auch die Regie über Haus und Familie anvertraut.

Eine besondere Konstellation

Sie sind in der Neumondphase (zwei Tage vor bis zwei Tage nach Neumond) geboren. Sie sind damit ein besonderer Mensch. Denn in Ihnen ist eine große Sehnsucht nach inniger Nähe zu geliebten Menschen, die Sie in einer erfüllten Partnerschaft zu verwirklichen versuchen.

Der Mond im Zeichen Jungfrau – Vorsichtig

Mondstärken Vorhersehen können, Organisations- und Konzentrationsfähigkeit, Ordnungsliebe, Gespür für gesundheitliche Belange, bewusste Ernährung, Zugang zu geheimem Wissen

Mondschwächen Abhängigkeit von Zuwendung

Die Botschaft des Mondes lautet: »Das Leben ist keine Autobahn, auf der es immer geradeaus geht. Ein Weg voller Überraschungen erwartet dich. Daher ist es wichtig, dass du stets hellwach bist, um zu wissen, was kommt. Ich, dein Mond, habe dich deshalb auch mit der Gabe der Vorausschau ausgestattet, damit du nie im Dunkeln tappst. Aber du bist auch ein Erdzeichen, ein Kind unseres Planeten. Dies bedeutet, dass du mit der Zeit seinen gesetzmäßigen Lauf immer besser erkennst. Es hilft dir, dein Leben zu beruhigen. Lerne daher von der Erde und dem Wechsel der Jahreszeiten.«

Mond-Check

Wie weiblich macht dieser Mond? Er macht eher mädchenhaft als weiblich (und eher burschikos als männlich).

Wie mütterlich macht dieser Mond? Frauen mit dieser Mondstellung sind keine »schlechten Mütter«, fühlen sich aber oft zu etwas anderem berufen.

Wie gefühlvoll macht dieser Mond? Empfindungen gegenüber macht er eher misstrauisch.

Wie intuitiv macht dieser Mond? Die Erde offenbart ihr Wissen, so dass die Betreffenden es zum Beispiel auch für heilendes Wirken anwenden können.
Was braucht man mit diesem Mond? Kontakt mit Mutter Erde, Sicherheit, einen Lebensplan.
Für den Mann: Wie lautet das Suchbild »(Mond-)Frau«? Sie soll klug und praktisch sein, ihr Gefühlsleben unter Kontrolle haben, und sie darf sich nicht in Abhängigkeiten verstricken.

Der Mond im Zeichen Waage – Ausgewogen

Mondstärken Andere spüren können, gern unter Leuten sein, Kontaktfreude, Sinn für Ästhetik, Kunst, Schönheit, verbindend und ausgleichend sein, Gerechtigkeitsliebe
Mondschwächen Entscheidungsunfähigkeit, Antriebsarmut, Überempfindlichkeit, Abhängigkeit

Die Botschaft des Mondes lautet: »Du hast eine Art Wünschelrute, mit deren Hilfe du jedes Ungleichgewicht erspüren kannst. Lebt jemand in Disharmonie oder herrscht eine Unstimmigkeit zwischen Menschen, schlägt dein magisches Instrument augenblicklich aus. Am schnellsten reagierst du auf eigene Störungen, weswegen es für dich sehr wichtig ist, in Harmonie und Frieden zu leben und dein Umfeld entsprechend auszuwählen. Andere suchen dich auf, weil du sie nicht nur bestens verstehst, sondern auch dazu beiträgst, für Versöhnung und Eintracht in ihrem Leben zu sorgen.«

Mond-Check

Wie weiblich macht dieser Mond? Er macht zärtlich, einfühlsam und auch weiblich, aber nicht im Übermaß.
Wie mütterlich macht dieser Mond? Menschen mit dem Mond im Zeichen Waage können sich Kindern gegenüber schlecht durchsetzen.

Wie gefühlvoll macht dieser Mond? Stimmungen lieben sie, starke Emotionen aber bereiten Probleme.
Wie intuitiv macht dieser Mond? Man ist sehr sensibel und ungeheuer phantasievoll.
Was braucht man mit diesem Mond? Eine harmonische Umgebung und ausgeglichene Beziehungen.
Für den Mann: Wie lautet das Suchbild »(Mond-)Frau«? Sie muss feinsinnig, geschmackvoll, sehr einfühlsam und liebesfähig sein.

Der Mond im Zeichen Skorpion – Tiefgründig

Mondstärken Hinterfragen, aufdecken, im Krisenfall Stärke zeigen, okkulte Fähigkeiten, suggestive Ausstrahlung, großer Familiensinn
Mondschwächen Nicht loskommen von der Mutter, Despotismus, krankhafte Eifersucht, Misstrauen

Die Botschaft des Mondes lautet: »Da das Wesentliche, Eigentliche und Wahre in aller Regel nicht offensichtlich wird, ist es deine Bestimmung, dich bis ins Innerste der Menschen hineinzuspüren. Deinem Röntgenblick bleibt nichts verborgen. Jeden unterziehst du einer Prüfung, und nur wenn er sie besteht, lässt du dich auf eine Beziehung ein. Letztlich suchst du so ein Gegenüber, das dich ergänzt – dein Du –, um mit ihm eine Familie zu gründen. In deinen Kindern lebst du weiter. Sie geben dir Zukunft, auch wenn es dich nicht mehr gibt.«

Mond-Check

Wie weiblich macht dieser Mond? Menschen mit einem Skorpionmond verfügen über große weibliche Kräfte.
Wie mütterlich macht dieser Mond? Gute Mütter sind das – auch die Männer …!
Wie gefühlvoll macht dieser Mond? Man empfindet tiefe Gefühle und große Leidenschaft.

Wie intuitiv macht dieser Mond? Die Betreffenden sind visionär und haben magische Fähigkeiten.
Was braucht man mit diesem Mond? Vertrauen und Sicherheit.
Für den Mann: Wie lautet das Suchbild »(Mond-)Frau«? Sie muss stark und bereit sein für ein ehernes Bündnis und gemeinsame Kinder.

Der Mond im Zeichen Schütze – Sinnstiftend

Mondstärken Optimistisch, motivierend, begeisternd, vielseitig, schriftstellerische Talente, sportliche Fähigkeiten, gut im Ausland leben können
Mondschwächen Blauäugigkeit, Naivität, Phantasterei

Die Botschaft des Mondes lautet: »Du bist auf die Welt gekommen, um der Dunkelheit ein Ende zu bereiten, dem Guten und Gesunden zum Sieg über das Böse und Kranke zu verhelfen. Verstehen, einen Sinn verleihen, verzeihen – so lauten deine Waffen, mit denen du ins Feld ziehst und siegreich zurückkommst. Du bist wie eine heilige Schale, welche alle Waffen stumpf macht, die in sie gelegt werden. Schlimmes wird erlöst. Wunden können heilen. Friede kehrt ein.«

Mond-Check

Wie weiblich macht dieser Mond? Auch als Frau stehen diese Menschen leicht ihren Mann.
Wie mütterlich macht dieser Mond? Zu viel Mütterlichkeit ist ihnen suspekt.
Wie gefühlvoll macht dieser Mond? Er macht feurig, ekstatisch, aber nicht gerade gefühlvoll.
Wie intuitiv macht dieser Mond? Man verfügt über große Intuition und Seelenstärke.
Was braucht man mit diesem Mond? Eine Aufgabe, die etwas Sinnvolles zum Ziel hat.
Für den Mann: Wie lautet das Suchbild »(Mond-)Frau«? Sie muss

selbständig, aktiv, sportlich sein. Man muss sich mit ihr auch geistig austauschen können.

Der Mond im Zeichen Steinbock – Überpersönlich

Mondstärken Klares Gefühlsleben, Selbstbeherrschung und Pflichtbewusstsein, Streben nach Objektivität und Durchsichtigkeit, Ernsthaftigkeit, Liebe zum Beruf

Mondschwächen Sich selbst zu negativ sehen, abhängig sein von beruflichem Erfolg, Gefühlskontrolle

Die Botschaft des Mondes lautet: »Du bist mit der Gabe gesegnet, das Allgemeine und Wesentliche auch im Einzelnen und Persönlichen zu erkennen. Das macht dich zu einer Person, die den Menschen in ihrer Gesamtheit verpflichtet ist. Dafür tritt das Persönliche und Individuelle bei dir zurück. Es wird unbedeutend. Du bist Wächter und Bewahrer des Seelischen, Stimmigen und Wahren.«

Mond-Check

Wie weiblich macht dieser Mond? Menschen mit dieser Mondposition sind sehr weiblich, ohne es immer nach außen hin deutlich zu zeigen.

Wie mütterlich macht dieser Mond? Auch ihre Mütterlichkeit ist ausgeprägt, aber nicht unbedingt für eigene Kinder.

Wie gefühlvoll macht dieser Mond? Sie unterscheiden echte und wahre Gefühle von Emotionen, die vorgetäuscht werden.

Wie intuitiv macht dieser Mond? Die Betreffenden haben die Fähigkeit, Visionen zu entwickeln.

Was braucht man mit diesem Mond? Eine Aufgabe für die Allgemeinheit.

Für den Mann: Wie lautet das Suchbild »(Mond-)Frau«? Sie soll eine gewisse Persönlichkeit ausstrahlen, stark und selbständig sein.

Der Mond im Zeichen Wassermann – Schöpferisch

Mondstärken Sozial, human, freundlich, aufgeschlossen, ungebunden, Veränderungsliebe, Reisefreude, Erfindungsgabe, Intuitionskraft, Reformwillen

Mondschwächen Zwanghaft antiautoritäres Denken und Handeln, Verwirrtheit

Die Botschaft des Mondes lautet: »Du bist mit einer schöpferischen Quelle verbunden, in der ununterbrochen Neues geboren, Altes verwandelt und neu gestaltet wird. Das Unvorhersehbare, Neue und Fremde ist deine Heimat. Das führt manchmal dazu, dass du dir selbst in deinem Inneren fremd vorkommst, voller Widersprüche steckst und nicht mehr recht weißt, wer du bist und woher du kommst. Solche Phasen dienen aber der Vorbereitung eines neuen schöpferischen Schubs. Du darfst dich davon nicht verwirren lassen.«

Mond-Check

Wie weiblich macht dieser Mond? Männlich oder weiblich? Beide Seiten sind Menschen mit dieser Konstellation vertraut.
Wie mütterlich macht dieser Mond? Man ist der beste Gefährte und Freund aller Kinder, aber nicht der klassische Muttertyp.
Wie gefühlvoll macht dieser Mond? Stimmungen sind wunderbar. Emotionen gegenüber sind die Betreffenden misstrauisch.
Wie intuitiv macht dieser Mond? Man hat häufig Offenbarungsträume, in denen Hinweise für den eigenen Lebensweg erhalten sind.
Was braucht man mit diesem Mond? Anregungen, Veränderungen und die Möglichkeit, sich schöpferisch betätigen zu können.
Für den Mann: Wie lautet das Suchbild »(Mond-)Frau«? »Etwas Besonderes« soll sie sein – frei, unabhängig – und sich von anderen Frauen unterscheiden.

Eine besondere Konstellation

Sie sind in der Vollmondphase (zwei Tage vor bis zwei Tage nach dem Vollmond) geboren und damit ein besonderer Mensch. Denn Sie tragen in sich die lebendige Spannung zwischen Mann und Frau am deutlichsten. Das führt zu einem reichen und faszinierenden Beziehungsleben. Es kann aber auch große Konflikte für Partnerschaft und Liebe bringen.

Der Mond im Zeichen Fische – Geheimnisvoll

Mondstärken Medialität, heilerische Qualitäten, Kraft durch Glauben, Sensibilität, Liebe für andere, Liebe zur Schöpfung, verlässliches instinkthaftes Gespür

Mondschwächen Wirre Phantasievorstellungen, Unsicherheit, Bindungslosigkeit

Die Botschaft des Mondes lautet: »Du bist wie der Mond, der sich am Vormittag noch am blauen Himmel zeigt, bis er mit ihm auf rätselhafte Weise verschmilzt – schillernd, beinah durchsichtig und im Inneren zerbrechlich und fein. Du bist dem Gefäß, in dem die Seele wohnt, sehr nah und weißt, dass man sie nicht fassen kann. Sie zeigt sich nur denen, die ohne Absicht sind, Kindern und Heiligen. Du bist voller Liebe für alles, was unvollkommen ist, kannst heilen und versöhnen.«

Mond-Check

Wie weiblich macht dieser Mond? Äußerst weiblich.
Wie mütterlich macht dieser Mond? Menschen mit einem Fischemond fühlen sich als Mutter der gesamten Schöpfung.
Wie gefühlvoll macht dieser Mond? Er macht unglaublich gefühlvoll.
Wie intuitiv macht dieser Mond? Mehr an Intuition weist keine der anderen Mondstellungen auf.

Was braucht man mit diesem Mond? Stille, Einkehr, Liebe und Verständnis für die geheimnisvollen Seiten des Seins.
Für den Mann: Wie lautet das Suchbild »(Mond-)Frau«? Sie soll liebevoll, geheimnisvoll, fast engelhaft sein.

Merkur – Schlau, beredt, kommunikativ und göttlich beraten

Die Bedeutung Merkurs

Der römische Gott Merkur entspricht ganz dem Hermes der griechischen Mythologie. Er war ein ausgesprochen schillernder Gott, versehen mit zahlreichen Eigenschaften und Funktionen. Respekt und Bewunderung erwarb er sich durch Klugheit und Raffinesse. So stahl er, gerade erst als Sohn des Jupiter bzw. Zeus und der Nymphe Maia geboren, dem Gott Apoll eine Rinderherde. Von diesem zur Rede gestellt, spielte er auf einem mit Fell und Saiten versehenen Schildkrötenpanzer derart gekonnt auf, dass Apolls Zorn verflog und er ihm die Rinder im Tausch gegen das Musikinstrument überließ. Ganz nebenbei hatte Merkur auf diese Weise die Lyra erfunden, jenes zauberhafte Instrument, mit dem später Orpheus Menschen wie Götter verzauberte.
Gott Merkur war also klug und listig, und genau diese Fähigkeit verleiht er auch dem Menschen. Er macht beredt, erfinderisch und verhilft einem auch mal zu einer guten Ausrede. Wegen seiner listigen Eigenschaften wurde er zum Gott der Kaufleute, Diebe und Bänkelsänger. Seine Fröhlichkeit machte ihn zum Schutzpatron all derjenigen, die auf heiteren Wegen wandeln. Und sein Diebstahl der Kühe ließ ihn selbstredend zum Gedeihen der Viehherden beitragen. Infolge seiner Lust am Reden und seines Talents, sich allemal in ein günstiges Licht zu setzen, wurde er der göttliche Freund all derer, die viel sprechen, schreiben und auf der Bühne stehen: Dichter, Sänger, Schauspieler, Politiker, Talkmaster, Ansager, Komiker, Artisten oder Musiker. Wie wir denken, reden, kommunizieren, uns darstellen und uns verkaufen, das alles verrät die Posi-

tion Merkurs in unserem Horoskop. Er verkörpert unsere unbeschwerte Seite und den leichtesten Weg, den man gehen kann.
Aber Merkur hat noch mehr auf Lager: Bei den Griechen galt er als Diener Jupiters und als Götterbote, der zwischen dem Olymp, dem Wohnort der Unsterblichen, und den Menschen drunten auf der Erde vermittelte. Und er begleitete auch die Seelen der Verstorbenen in die Unterwelt. Er besaß geflügelte Sandalen und einen geflügelten Hut, damit er rasch hin und her eilen konnte. Ein weiteres Attribut war sein goldener Heroldsstab, der Kerykeion, ein Zauberstab.
Hermes überbrachte also den Willen seines Vaters Zeus. So führte er zum Beispiel in dessen Auftrag Hera, Athene und Aphrodite zum Idagebirge, wo Paris den goldenen Apfel der – seiner Wahl nach – schönsten der Frauen überreichen sollte. Seine Entscheidung für Aphrodite, die ihm dafür Helena versprochen hatte, löste später bekanntlich den Trojanischen Krieg aus.
Tatsächlich fungiert Merkur auch in der Astrologie als eine Art Empfangs- und Sendestation. Wo er sich in unserem Horoskop befindet, sind uns die Götter besonders nah und übermitteln uns ihre Botschaften und Nachrichten. Umgekehrt können wir dort die Götter am ehesten erreichen.
Merkur ist der sonnennächste Planet. Er zieht seine Kreise um unser Zentralgestirn so eng, dass er sich nie mehr als maximal ein Zeichen von der Sonne entfernen kann. Das führt auch dazu, dass in vielen Horoskopen Merkur die gleiche Tierkreiszeichenposition einnimmt wie die Sonne.

☿ Das astrologische Symbol besteht aus einer Schale, einem Kreis und dem Kreuz. Die Schale symbolisiert seelische Empfänglichkeit. Der Kreis steht für die Dimension des Geistes, das Kreuz für Materie. Das Symbol in seiner Gesamtheit signalisiert, dass Seele und Geist über der Materie stehen und sie dominieren.
Auf den folgenden Seiten finden sich die wichtigsten Eigenschaften der Merkurposition von Löwegeborenen. Bei der konkreten

Anwendung ist auch hier zu berücksichtigen, dass die Konstellation durch Verbindungen mit verschiedenen weiteren Gestirnen immer eine andere Färbung bekommen und im Einzelfall auch einmal stark von den genannten Deutungen abweichen kann.
Die exakte Merkurposition lässt sich wieder über die Homepage des Autors herunterladen (www.bauer-astro.de).

Der Löwe und seine Merkurzeichen

Merkur im Zeichen Krebs – Gefühlvolles Denken

Merkurstärken Gefühlvolles, tiefes, ganzheitliches Denken
Merkurschwächen Subjektiv sein

Die Botschaft Merkurs lautet: »Du ›denkst mit dem Bauch‹, deine Gefühle mischen sich unter dein Denken und färben es subjektiv. Zu welchen Schlüssen du kommst und welche Ideen du hast, hängt davon ab, wie es dir gerade geht, was du erlebst, wie du dich fühlst. Erwartungsgemäß weckst du damit bei anderen Menschen (meistens Männern) Kritik und Ablehnung. Man hält dir vor, nicht geradlinig, logisch, abstrakt oder neutral zu denken. Aber aus einer übergeordneten und ganzheitlichen Sicht ist deine Art völlig in Ordnung. Eine Welt nur aus logisch oder empirisch denkenden Menschen wäre unsinnig und überaus langweilig und eintönig.
Auch die Wissenschaft beschäftigt sich heutzutage mit dem emotionalen Denken und stellt den davon abgeleiteten Fachbegriff ›EQ‹ (›emotionaler Quotient‹) gleichwertig neben den schon viel länger bekannten ›IQ‹ (›Intelligenzquotienten‹). Emotionales Denken ist insofern wichtig, als es mit instinktivem Wissen einhergeht. Du verfügst über einen Zugang zu Erfahrungen und Erinnerungen, die sich im Laufe der Entwicklung der Menschheit angesammelt haben. Das lässt dich weise, zuweilen sogar allwissend sein. Steh daher ruhig zu dir und deiner Art, zu denken. Sie ist wichtig und ergänzt sich mit den anderen Denkstrukturen. Dabei solltest du allerdings Offenheit zeigen und deinen Mitmen-

schen gegenüber nicht auf deinem Denkstil als dem einzig wahrhaftigen beharren.
Auch dein Sozialverhalten wird stark von deinen Gefühlen bestimmt. Geht es dir gut, kennst du keinerlei Probleme, auf andere zuzugehen. Bist du in schlechter Verfassung, willst du niemanden sehen.«

Merkur-Check

Ist man mit diesem Merkur kontaktfähig? Menschen gegenüber, die man nicht gut kennt, ist man eher zurückhaltend.
Was bringt einen »den Göttern« näher? Bei sich zu sein, sich ausdrücken zu können, von anderen verstanden zu werden.

Merkur im Zeichen Löwe – Kreatives Denken

Merkurstärken Inspirationen, Ideen und kreative Einfälle haben
Merkurschwächen Unsensibel und überheblich sein

Die Botschaft Merkurs lautet: »Dein Denken ist nicht logisch und auch nicht unbedingt von Erfahrungen getragen. Ich, Merkur im Zeichen Löwe, verhelfe dir zu Ideen und Inspirationen, die dir aus der Luft, dem Nichts zuzufallen scheinen. Wenn du beginnst, deine Argumente zu begründen, gerätst du in Schwierigkeiten. Und eigentlich gibt es bei Eingebungen auch nichts zu beweisen. Es ist eine eigene, in sich stimmige Art, die Welt zu erfahren und zu verarbeiten. Aber es ist nicht die einzige: Andere Merkurpositionen bewirken eine andere Art, zu denken. Ein wahrhaftiges, universelles Bild ergibt sich erst unter Berücksichtigung aller Möglichkeiten, jede für sich spiegelt immer nur einen Teilaspekt wider.
Ich, der Löwemerkur, verhelfe dir auch zu einem selbstbewussten Auftreten. Du bist dermaßen von dir überzeugt, dass es dir gar nicht in den Sinn kommt, anderen eine gleichwertige Position zuzugestehen. Wenn es darum geht, sich durchzusetzen, einen guten Eindruck zu hinterlassen, anderen voraus und überlegen zu

sein, ist deine Art goldrichtig. Aber wenn man zusammenkommt und sich unterhalten möchte, bist du (automatisch) ebenso forsch. Das führt häufig dazu, dass sich andere schnell ›überfahren‹ fühlen, still werden, sich zurückziehen oder mit dir einen Streit beginnen. In dieser Beziehung musst du noch dazulernen, dich um mehr Toleranz und weniger Ichbezogenheit bemühen.«

Merkur-Check
Ist man mit diesem Merkur kontaktfähig? Man wirkt selbstsicher und kommt gut bei anderen an.
Was bringt einen »den Göttern« näher? Keine Verpflichtung zu haben, tun und lassen zu können, was einem gefällt, zu lieben und geliebt zu werden.

Merkur im Zeichen Jungfrau – Akkurates Denken

Merkurstärken Sachliches, analytisches und behutsames Denken
Merkurschwächen Wankelmütig und leicht ablenkbar sein

Die Botschaft Merkurs lautet: »Dein Denken ist sachlich, genau und praktisch. Du beziehst dich in deinen Überlegungen auf eigene Erfahrungen oder solche, die von zuverlässigen Leuten stammen. Das verleiht dir Sicherheit und Glaubwürdigkeit. Obendrein bringe ich, Merkur im Zeichen Jungfrau, dich dazu, fehlerorientiert vorzugehen: Was gut und richtig ist, dem schenkst du wenig Aufmerksamkeit, dafür verfolgst du mit Argusaugen jede Unregelmäßigkeit und findest Fehler meistens zuerst. Für Inspektionen, Korrekturen, wissenschaftliches Arbeiten und überall sonst, wo es gilt, Fehler zu vermeiden, bist du unübertrefflich. Aber mit mir, dem Jungfraumerkur, hast du auch Schattenseiten: Deine überkritische, unter Umständen sogar pessimistische Art macht dir nicht nur Freunde. Hierbei solltest du dich etwas kontrollieren, damit du nicht den Stempel ›Meckertante‹ aufgedrückt bekommst.

Auf andere zuzugehen fällt dir nicht leicht. Du bist eher schüchtern. Das rührt natürlich auch daher, dass du keine Fehler machen möchtest. Was dir guttut, sind Menschen, die emotionaler und nicht so auf Fehler fixiert sind. Sei mutig und wähle Freunde, die (aus deiner Sicht) dazu neigen, Fehler zu machen.«

Merkur-Check
Ist man mit diesem Merkur kontaktfähig? Man ist schüchtern und vorsichtig, um Fehler zu vermeiden.
Was bringt einen »den Göttern« näher? Alle Pflichten erledigt zu haben, anerkannt zu werden, gut zu sein.

Venus – Die Liebe

Die Bedeutung der Venus

Kurz nach Sonnenuntergang – der Westen badet sich noch in goldenem Rot, im Osten kündet stahlblauer Himmel die Nacht an – kann man sie sehen, die Venus. Sie ist so hell, dass man sie manchmal mit den Lichtern eines Flugzeugs verwechselt. Und in Gegenden, die nicht künstlich erleuchtet sind, überkommt den Betrachter bei ihrem Anblick das Gefühl einer außerirdischen Begegnung. Der Tag geht zur Ruhe, Venus läutet den Feierabend ein, jene Zeit, die weder der Arbeit noch dem Schlaf gehört, sondern der Muße – und der Liebe.
Aber Venus verzaubert nicht nur den Abend, sondern auch den Morgen. Denn die Hälfte des Jahres läuft sie, wie wir es von der Erde aus sehen, der Sonne nach, und sie steht dann als Venus des Abends nach Sonnenuntergang noch einige Zeit am Abendhimmel. Die andere Hälfte jedoch läuft sie der Sonne voraus und steigt als Venus des Morgens vor der Sonne über den östlichen Horizont als strahlende Botin des neuen Tages.
Venus oder ihr griechisches Pendant Aphrodite trug den Beinamen »Schaumgeborene« (griechisch *aphrós* = »Schaum«). Einem Mythos zufolge hat Kronos (Saturn[us]), der Vater des Zeus, sei-

nen Vater Uranos mit der Sichel entmannt und das Zeugungsglied bei Zypern ins Meer geworfen. Aus dem Schaum, der sich dabei bildete, ist die Göttin der Schönheit entstanden.

Sie galt als die fruchtbare Patronin des blühenden Frühlings und der überströmenden Frühlingslust. Sie war die Beschützerin der Gärten, Blumen und Lusthaine. Ihre Lieblingsgewächse waren Myrten, Rosen und Lilien, ihre Frucht der Apfel, ihre bevorzugten Tiere Widder, Böcke, Hasen, Tauben und die bunten Schmetterlinge. Vor allem aber war Venus/Aphrodite eine Frau, deren unvergleichliche Schönheit die Männer betörte. Man fand schier kein Ende, all ihre Reize aufzuzählen: göttlicher Wuchs, strahlende Augen, verlockender Blick, rosenknospiger Mund, zierliche Ohren, reizender Busen und dergleichen mehr.

Im Vergleich zu ihr sah ihr hässlicher, hinkender Ehemann Hephaistos, der Gott des Erdfeuers und Schutzgott der Schmiede, ziemlich alt aus, wie man heute sagen würde. Jeder fragte sich, wie diese Schönheit einem so grobschlächtigen Mann zugetan sein konnte, auch Venus selbst: Sie nutzte denn auch jede Gelegenheit zu einem Seitensprung. Der bekannteste und folgenreichste war wohl jener mit Mars, dem Amor entstammte, der spitzbübische Junge mit den heimtückischen Liebespfeilen.

Die schöne Venus bekam ein würdiges Denkmal am Himmel: Das hellste Gestirn wurde nach ihr benannt. Je nach Position kündet Venus als »Abendstern« den Feierabend, vor Sonnenaufgang die nahende Morgenröte an.

»Venus« ist ein anderes Wort für »Liebe, Lust, Zärtlichkeit, Leidenschaft, Zweisamkeit, Anziehung, Nähe, Knistern, Flirten, Sehnsucht, Verschmelzung, Sinnlichkeit« und so fort. Aber jede Venusposition in den Tierkreiszeichen gibt all diesen Facetten der Liebe eine andere Färbung, ein bestimmtes Gewicht, einen spezifischen Glanz.

♀ Das astrologische Symbol besteht aus einem Kreuz und einem Kreis. Letzterer symbolisiert den Geist. Das Kreuz wiederum ist ein Sinnbild für die Materie: Der Kreis steht über dem Kreuz, er lenkt die Materie, führt sie zur Vollendung in der Liebe.

Auf den folgenden Seiten finden sich die bedeutendsten Eigenschaften der Venusposition von Löwegeborenen. Bei einer konkreten Anwendung ist wieder zu berücksichtigen, dass die Konstellation durch Verbindungen mit verschiedenen weiteren Gestirnen unter Umständen eine andere Färbung bekommt und im Einzelfall möglicherweise stark von den hier genannten Deutungen abweicht.

Auch die exakte Venusposition kann über die Homepage des Autors heruntergeladen werden (www.bauer-astro.de).

Der Löwe und seine Venuszeichen

Venus im Zeichen Zwillinge – Verspielte Liebe

Venusstärken Vielseitig, verspielt, liebenswürdig, starke Leidenschaft, die jedoch beherrscht werden kann, Liebe zur Poesie

Venusschwächen Unruhig, gespalten, unsicher

Die Botschaft der Venus lautet: »Du bist kindlich, verspielt, unschuldig, naiv, göttlich, raffiniert, charmant, unterhaltend. Mit anderen Worten: Du bist eine einzige Überraschung. Liebe mit dir ist ein Flug auf Wolke sieben, ein Traum: so schön wie im wundervollsten Film. Deine Hände können zaubern, deine Stimme ist wie ein warmer, zärtlicher Wind, deine Worte schmeicheln und entführen in die Welt aus Tausendundeiner Nacht.

Die Liebe ist bestimmt der schönste ›Zeitvertreib‹, den es gibt. Aber du bist nicht abhängig von ihr – und schon gar nicht von einem anderen Menschen. Freiheit und Unabhängigkeit sind dir nämlich beinah noch wichtiger: Du hast deinen Mann (bzw. deine Frau) im Inneren; du musst daher mit niemandem zusammenleben und alles teilen. Ganz solo? Schon möglich! Aber hundertprozentig sicher geht es nicht ohne Menschen. Andere entspannen sich vielleicht in den Bergen, in der Badewanne oder im Schlaf.

Du hingegen brauchst dein ›Social Life‹: Kontakte, Freunde, Begegnungen, Smalltalk. Was dich lebendig hält, ist die Hoffnung und die Chance, dass jeden Augenblick etwas Neues, Unvorhergesehenes passieren kann, vor allem in puncto Liebe.
Einen Schatten hast du auch, nämlich ein kleines ›Monster‹, das dich verfolgt und dir mitten in der schönsten Liebesgeschichte die Laune verdirbt. Damit musst du – und auch dein Partner – leben.«

Venus-Check

Kann man mit dieser Venus gut allein sein? Man kann es, das kommt aber selten vor.
Braucht man mit dieser Venus Sicherheit? Eher nicht. Man kommt immer irgendwie zurecht.
Besteht diese Venus auf Treue? Nein, zumindest nicht absolut.
Macht diese Venus eifersüchtig? Ja, leider, trotz aller Freiheitssuche.
Findet man leicht einen Partner? Mit dieser Venus? Nichts ist leichter als das!

Venus im Zeichen Krebs – Gefühlvolle Liebe

Venusstärken Zärtlich, hingebungsvoll, phantasievoll, kreativ, treu
Venusschwächen Klammernd, unselbständig, wechselhaft, empfindlich, beeinflussbar

Die Botschaft der Venus lautet: »In guten Zeiten bist du strahlend schön und unwiderstehlich erotisch. Unbekümmert wie ein Kind und gleichzeitig von ironischer Distanziertheit, kannst du über alles lachen, am meisten jedoch über die Liebe, dieses absurde, herrliche, verrückte, uralte und ewig neue Spiel, bei dem die Menschen seit Tausenden von Jahren stets die gleichen Fehler machen. Vielleicht zwei Tage später bist du wie umgewandelt: stumm, scheu, abwesend, in dich gekehrt. Sich den Kopf darüber zu zerbrechen, wie man dich wieder zum Lachen bringen könnte, ist zwecklos. In diesem Gemütszustand willst du allein sein. Du willst leiden!

Bist du eine Person mit vielen Gesichtern? Ein Verwandlungskünstler? Einfach nur launisch? Ja, aber vor allem bist du zu hundert Prozent gefühlsbestimmt. Und Gefühle folgen keiner Uhr, sondern sind unberechenbar wie Wetter, Wind oder die Wellen des Meeres. Sich um mehr emotionale Ausgeglichenheit zu bemühen ist daher vergeblich – und wäre zudem ein falscher Weg.

Steh zu deinen Gefühlen. Sie machen deine Liebe aufregend, romantisch und geheimnisvoll. Sie verwandeln die Liebe mit dir in einen göttlichen Akt. Denn deine Liebeskraft ist stärker als alles. Wen du liebst, wird wie von magischen Fäden angezogen und kann sich irgendwann von dir nicht mehr lösen. Ja, deine Liebe ist auch klammernd und verschlingend. Aber für einen Platz neben dir sollte man auch alles andere aufzugeben bereit sein.«

Venus-Check

Kann man mit dieser Venus gut allein sein? Nein, zum Alleinsein ist man nicht geboren.

Braucht man mit dieser Venus Sicherheit? Ja, eher zu viel sogar.

Besteht diese Venus auf Treue? Keine Frage, man gibt alles und will alles.

Macht diese Venus eifersüchtig? Natürlich – und wie!

Findet man leicht einen Partner? Jeder träumt von einem Partner mit solch einer Venus.

Venus im Zeichen Löwe – Lustvolle Liebe

Venusstärken Warmherzig, verspielt, stark, leidenschaftlich, feurig, großherzig, treu, stolz, selbstbewusst

Venusschwächen Arrogant, überheblich, verschwenderisch, prahlerisch

Die Botschaft der Venus lautet: »Zurückhaltung? Bescheidenheit? Schamgefühl? So etwas kommt in deinem Repertoire nicht vor.

Zumindest dann nicht, wenn es um eine Person geht, die du haben willst (oder die dir schon gehört). Dann wirst du aktiv. Kein Wunder, dass alle den Atem anhalten, wenn du auftrittst. In dir steckt ein Lustobjekt, das gesehen, bewundert, betastet – und verschönert, verziert, gekrönt werden möchte. Liebe geht bei dir durch das Auge und kann nur mit Gold und Diamanten aufgewogen werden. Das soll nicht heißen, dass du jemanden nur des Geldes wegen liebst. Käuflich bist du nicht. Du schaust immer zuerst aufs Herz. Aber irgendein Schutzengel bringt dich just mit solchen Menschen zusammen, die dann in kürzester Zeit zu Geld gelangen. Sieht alles aus, als wärst du irre anspruchsvoll. Stimmt! Aber du bist auch eine Menge wert.
Wo so viel Licht ist, muss es doch auch Schatten geben: In dir steckt (weiblich) eine Diva bzw. (männlich) ein Pascha. Du willst verwöhnt, verhätschelt, umworben, auf Händen getragen werden. Das ist anstrengend und kann zu Abhängigkeit führen. Kommt es zur Trennung, leidest du wie ein Tier. Dein Stolz verbietet dir, deinen Kummer zu zeigen. Das ist dumm und ungesund und verschlimmert nur das Desaster.«

Venus-Check

Kann man mit dieser Venus gut allein sein? Wenn es sein muss. Aber schöner ist es zu zweit.
Braucht man mit dieser Venus Sicherheit? Nein, eher Anerkennung.
Besteht diese Venus auf Treue? Natürlich, schließlich ist man die oder der Größte.
Macht diese Venus eifersüchtig? Sicher, aber man gibt es nicht zu.
Findet man leicht einen Partner? Man wird gefunden.

Venus im Zeichen Jungfrau – Reine Liebe

Venusstärken Aufmerksam, unschuldig, rein, geistreich, mitfühlend, künstlerische Neigung

Venusschwächen Kühl, distanziert, unaufrichtig

Die Botschaft der Venus lautet: »Zum Sex hast du ein recht gespaltenes Verhältnis. Einerseits möchtest du ihn, bist sogar süchtig danach, träumst von einer Liebe und einem Orgasmus, der den Himmel zittern lässt. Andererseits verurteilst du Sex als dumm, tierisch, primitiv, unter deiner Würde. Vor allem aber hat er – so deine Meinung – rein gar nichts mit vollkommener Liebe zu tun. Was jetzt? Ein bisschen schizophren? Mitnichten! Du betrachtest Sex lediglich aus sämtlichen Perspektiven. Und irgendwann kapierst du, dass er nichts anderes ist als reinste Energie. Dann könntest du auch mit jedem Sex haben – oder mit gar keinem. Dann bist du ebenso bereit, Sex zu sublimieren und in ein kosmisches Erlebnis zu transformieren.
Ehe du zum Heiligen oder zur Heiligen wirst, musst du alles ausprobieren, was es gibt. Aber nicht vergessen: Sex ist nur eine Vorstufe, ein Übergang zu höherer Bestimmung und Erfüllung. Bleib auf dem Laufenden!«

Venus-Check

Kann man mit dieser Venus gut allein sein? Wenn es sein muss, ja. Aber schön ist es nicht.
Braucht man mit dieser Venus Sicherheit? O ja, ohne Liebe ist man ziemlich verloren.
Besteht diese Venus auf Treue? Natürlich, aber man hält sich nicht daran.
Macht diese Venus eifersüchtig? Ja, man leidet Qualen.
Findet man leicht einen Partner? Man hat sich schon oft die Finger verbrannt und ist überdies schüchtern.

Venus im Zeichen Waage – Kunstvolle Liebe

Venusstärken Charmant, stilvoll, einfühlsam, gütig, freundlich, liebevoll, anziehend, vollkommen schön, verständnisvoll

Venusschwächen Unklar, eingebildet

Die Botschaft der Venus lautet: »Erinnerst du dich noch daran, als du ein kleines Mädchen warst? Du saßest bei Papa auf dem Schoß und himmeltest ihn an. Oder du tapstest süß lächelnd zur Tante, so dass sie dir jeden Wunsch erfüllte. Seitdem hat sich nichts Wesentliches geändert. Du hast vielleicht die Kunst, dich mit allen Tricks und Raffinessen ins beste Licht zu setzen, perfektioniert und beherrschst sie heute aus dem Effeff. Aber du möchtest immer noch, wie damals als Drei- oder Vierjährige(r), dass die Menschen gut und friedlich miteinander umgehen – und erst recht dann, wenn sie sich lieben. Auch wenn dir widriger familiärer oder sonstiger Umstände wegen die Berufung zum Liebeskünstler scheinbar abhandengekommen ist: Selbst die tiefsten Wunden können geheilt werden durch die Kraft der Liebe, die dir bereits in die Wiege gelegt wurde. Probier es noch einmal und lerne, dich besser zu schützen! Nicht auf grobe, tölpelhafte, stillose Art, sondern schön verpackt, mit rosaroter Schleife …!«

Venus-Check

Kann diese Venus allein sein? Zum Alleinsein ist man nicht geboren.

Braucht man mit dieser Venus Sicherheit? Ja, aber man gibt sie auch.

Besteht diese Venus auf Treue? Einerseits ja, andererseits ist die Liebe ja so verlockend.

Macht diese Venus eifersüchtig? Weniger eifersüchtig als enttäuscht.

Findet man leicht einen Partner? Keine Frage, so beliebt, wie man ist in der Welt!

Mars – Potent, sexy und dynamisch

Die Bedeutung des Mars

Rötlich funkelnd wie Feuer oder Blut, so präsentiert sich nur ein Gestirn am nächtlichen Himmel: der Planet Mars. Abhängig von seiner Nähe zur Erde verändert sich obendrein die Intensität. Menschen früherer Zeiten erschauerten daher, wenn sein Rot zunahm. Sie sprachen von einem zornigen Auge am Himmel und betrachteten es als böses Omen.

In klassischer Zeit galt Mars als Herr und Beschützer der Kriege. Hinter Mars stecken allerdings nicht nur bedrohliche Eigenschaften: So schickt er zum Beispiel zündende Ideen, verleiht Startkraft und schenkt Courage. Mars sorgt für den richtigen Biss, um sich behaupten und Rivalen aus dem Weg schlagen zu können. Er verleiht die für das Konkurrenzgerangel unerlässlichen »spitzen Ellenbogen« und programmiert auf Sieg. Er verkörpert das Urmännliche, den heldenhaften, schönen Jüngling genauso wie einen sexbesessenen Macho. Mars steht auch einfach für Libido und Potenz. In ganz besonderer Weise verrät die Marsposition die Art und Weise des Eroberungsspiels: Ob man direkt auf jemanden zugeht, abwartet oder gar zum Rückzug bläst, es ist Mars, der die Fäden in der Hand hält.

Mars ist ein absolut männlicher Planet, vielleicht der männlichste überhaupt. Frauen besitzen zwar genau wie Männer ihren Mars, aber eher als Potenzial, als Anlagebild, und neigen dazu, ihn nicht selbst auszuleben, sondern ihn zu projizieren. Sie suchen sich Männer, die ihrem Mars entsprechen. Über diesen Umweg hat er dann doch Anteil an ihrem Leben. Frauen, die Berufe ergreifen, welche früher eher als typisch männlich galten (im Management beispielsweise), leben ihren Mars weitgehend selbst. Er ist der regierende Planet des Widders und weist daher viele Wesenszüge dieses Tierkreiszeichens auf.

♂ Das astrologische Symbol besteht aus einem Kreis und einem Pfeil. Ersterer symbolisiert den Geist, Letzterer die Bewegung. Das Symbol in seiner Gesamtheit steht für einen bewegten und bewegenden Geist.
Auf den folgenden Seiten finden sich die zentralen Eigenschaften der Marsposition in einem Horoskop. Bei einer individuellen Anwendung ist ein weiteres Mal zu berücksichtigen, dass die Konstellation durch Verbindungen mit verschiedenen Gestirnen immer eine andere Nuance bekommen und im Einzelfall auch einmal stark von den hier genannten Interpretationen abweichen kann.
Ihre exakte Marsposition können Sie wieder über die Homepage des Autors herunterladen (www.bauer-astro.de).

Der Löwe und seine Marszeichen

Mars im Zeichen Widder – Impulsiv

Marsstärken Energisch, kühn, mutig, stolz
Marsschwächen Streitsüchtig, egoistisch

Die Botschaft des Mars lautet: »Du verfügst über doppeltes Feuer, bist kämpferisch, mutig und furchtlos. Du machst fast vor nichts halt, bist ein Draufgänger, ein Held und Abenteurer, jemand, der nicht lange fackelt. Du willst nach deiner Fasson leben und sorgst dafür, dass dein Wille geschieht. Allerdings kann es sein, dass du mich (noch) nicht hast zu Wort kommen lassen, dass du dich und andere vor mir schützt, mich vielleicht unterdrückst oder verleugnest. Du hältst dich vielmehr für eine friedliche oder gehemmte Person.
Möglicherweise verspürst du gelegentlich ein inneres Rumoren, es packt dich ein Beben, das in einen völlig unerwarteten Wutausbruch mündet. Wahrscheinlich steigt dir diese eingesperrte Power in den Kopf und macht sich dort schmerzhaft bemerkbar. Sei, wie du bist. Gib nach, verschaff dieser Kraft rechtzeitig Raum – und dir Luft!

Was hilft, ist eine Tätigkeit, die dir möglichst viel Freiheit lässt. Erleichterung findest du auch über sämtliche aktiven Sportarten. Am wichtigsten aber ist, dass du mit der Zeit mehr und mehr zu mir und damit zu dir stehst, dir mehr zutraust, öfter mal über die Stränge schlägst und dich nicht dafür tadelst, wenn dein ›marsischer‹ Anteil über dich kommt.«

Mars-Check

Wie gut setzt man sich mit diesem Mars durch? Die Voraussetzungen sind exzellent.

Wie aggressiv macht dieser Mars? Sehr, sofern man sich nicht auslebt.

Wie viel Sexpower bekommt man mit ihm? Jede Menge, vorausgesetzt, man unterdrückt sich nicht selbst.

Mars im Zeichen Stier – Beharrlich

Marsstärken Ausdauernd, zäh, sinnlich

Marsschwächen Jähzornig, gierig, stur

Die Botschaft des Mars lautet: »Die Kombination meines Feuers mit der Erde des Stiers verleiht dir die Stärke eines mittleren Erdbebens. Was du anpackst, ziehst du auch durch, denn du hast nicht nur Kraft, sondern bist auch zäh und ausdauernd. Dein Feuer brennt nicht lichterloh, um dann rasch in sich zusammenzufallen. Es gleicht einer beständigen Glut. Darüber hinaus bringt die Begegnung mit mir und dem Stier eine betont sinnliche Komponente in dein Dasein. Als dritte Haupteigenschaft verfügst du über einen enormen Erwerbstrieb: Dein Lebtag lang arbeitest du für Sicherheit, Geld, ein Haus, Luxus oder was auch immer. Du bist dazu geboren, das Fleckchen Erde, auf dem du lebst, in ein blühendes Paradies zu verwandeln.

Möglicherweise führe ich bei dir aber ein Schattendasein, und du kennst mich noch gar nicht richtig. Vielleicht schätzt du dein Leben überhaupt nicht als übermäßig sinnlich ein oder bezeich-

nest dich sogar als arm. Aber das heißt nur, dass du mich noch nicht gefunden hast. Doch ich bin da. Meine kolossale Kraft, meine Sinnlichkeit und der Zug zum Reichtum schlummern in dir.
Was dir hilft, mich zu aktivieren, sind körperliche Bewegung und Kontakt mit der Natur. Am wichtigsten aber ist, dass du an mich glaubst und in deinem Denken und Handeln Raum für mich schaffst.«

Mars-Check

Wie gut setzt man sich mit diesem Mars durch? Stark wird man bei Angriffen.
Wie aggressiv macht dieser Mars? Sehr, wenn man gereizt wird.
Wie viel Sexpower bekommt man mit ihm? Darüber muss kein Wort verloren werden. Oder höchstens eines: viel!

Mars im Zeichen Zwillinge – Verspielt

Marsstärken Gewandt, neugierig, vielseitig
Marsschwächen Unkonzentriert, zerstreut

Die Botschaft des Mars lautet: »Ich helfe dir dabei, ein unternehmerischer, vielseitig interessierter und talentierter Mensch zu sein. Mein Feuer in Verbindung mit der Luft des Zwillingezeichens macht dich mutig und unerschrocken. Die beiden Elemente ergeben eine sehr günstige Mischung: Feuer braucht Luft. Im übertragenen Sinne bedeutet Luft Kommunikation. Daraus folgt, dass du vitaler, lebendiger und feuriger wirst, sobald du unter Menschen bist. Hingegen dämpft Alleinsein dein Temperament. Oder die Gedanken beginnen zu rotieren, und du kannst deinen Kopf nicht mehr abschalten.
Deine ohnehin vorhandene Neugier wird durch mich noch beflügelt. Dein Interesse an allem lässt sich jedoch nur im Kontakt mit deiner Außenwelt ausreichend befriedigen. Allerdings kann es auch sein, dass du mich noch gar nicht richtig entdeckt hast und

mich daher nicht ausleben kannst. Dein eigenes Leben kommt dir vielleicht überhaupt nicht übermäßig interessant und abwechslungsreich, sondern eher ziemlich öde vor. Dann ist es höchste Zeit, mich ans Licht zu holen. Du spürst womöglich schon, wie ich in deinem Innern rumore.
Was dir hilft, mich zu ›wecken‹, sind Atemübungen und viel körperliche Betätigung an der frischen Luft. Am wichtigsten aber ist, dass du an mich glaubst und in deinem Denken und Handeln Raum für mich schaffst.«

Mars-Check

Wie gut setzt man sich mit diesem Mars durch? Auf den Mund gefallen ist man mit ihm auf keinen Fall.
Wie aggressiv macht dieser Mars? Man schimpft höchstens einmal kräftig.
Wie viel Sexpower bekommt man mit ihm? Sex macht Spaß. Man hat viel Lust dazu, übertreibt's aber nicht.

Mars im Zeichen Krebs – Gefühlvoll

Marsstärken Emotional, eruptiv
Marsschwächen Schwierig, gebremst, »zickig«

Die Botschaft des Mars lautet: »Wir beide haben es nicht ganz leicht miteinander. Das Wasser des Krebszeichens kann mein Feuer zum Erlöschen bringen. Dann bist du ein Mensch, der Schwierigkeiten hat, seinen Willen durchzubringen, notfalls mal die Ellenbogen einzusetzen, sich zu behaupten. Denn das sind die Eigenschaften, die ich verleihe. Zugleich aber bist du vermutlich innerlich gespannt, spürst Wut, Frustration und Ungenügen und kannst damit aber nicht richtig herausrücken. Du kannst allerdings auch diese feurigen Eigenschaften in dir transformieren. Du wirst jedoch nicht so direkt und forsch handeln, wie es diese Attribute ungebremst ermöglichen würden. Dafür besitzt du dann aber ein tiefes Gefühlsleben. Du bist so in positivster Weise ein Mensch,

der tief in sich hineinschaut und seine Seele wie auch die anderer kennt.
Wenn du mich so lebst und erlebst, bist du ein rezeptiver, kreativer Mensch, einer, der durch sein Mitschwingen mit anderen und sein psychologisches Gespür am Ende genauso viel erreicht wie Menschen mit anderen Marspositionen. Allerdings kann es auch sein, dass ich bei dir noch ein Schattendasein führe. Du schätzt mich nicht und versuchst, mich durch effektiveres Verhalten zu ersetzen. Nur funktioniert das so eben nicht: Am Ende wirst du noch unsicherer sein.
Steh zu mir, deinem Mars! Lebe mich mit all meinen Widersprüchen. Befass dich mit Psychologie. Das hilft dir, dich selbst besser zu verstehen.«

Mars-Check

Wie gut setzt man sich mit diesem Mars durch? Es fällt einem schwer, sich auf direktem Weg durchzusetzen.
Wie aggressiv macht dieser Mars? Es dauert eine Weile, bis man wütend wird, dann aber richtig.
Wie viel Sexpower bekommt man mit ihm? Man ist sehr erotisch, wenn man sich sicher fühlt.

Mars im Zeichen Löwe – Imposant

Marsstärken Selbstbewusst, herzlich, stolz
Marsschwächen Selbstsüchtig, eitel

Die Botschaft des Mars lautet: »Du verfügst über doppeltes Feuer. Ich, der feurige Planet, begegne dem Löwen, einem dem Element Feuer zugehörenden Zeichen. Feuer trifft also auf Feuer, vereinigt sich, wird zur lodernden Flamme. Da Feuer ein Symbol gleichermaßen für Tatkraft wie geistige Regsamkeit ist, musst du ein dynamischer, unternehmungsfreudiger Mensch sein, dessen Wirken durchdrungen ist von geistiger Weitsicht und Größe. Deinen hohen Ansprüchen, mit denen du um die Durchsetzung deiner

Ziele kämpfst, stehen eine einnehmende Herzlichkeit und eine lockere, beinah spielerische Haltung gegenüber. Man könnte meinen, deine Erfolge fielen dir einfach in den Schoß. Aber du bekommst nichts ›gratis‹. Du bist dem Leben und anderen Menschen gegenüber immer hilfsbereit und großzügig, und das gibt dir das Leben zurück. Solltest du dich in diesem Bild nicht wiederfinden und dich vom Leben eher benachteiligt als beschenkt fühlen, führe ich bei dir ein Schattendasein. Du hast mich noch gar nicht richtig entdeckt und kannst mich daher nicht ausleben.
Was dir hilft, mich in Gang zu bringen, ist Bewegung, Tanz, aktiver Sport. Vor allem aber musst du direkter, spontaner und selbstbewusster werden. Du musst dich mit mir in deinem Inneren verbinden – es ist alles da, was du dazu benötigst.«

Mars-Check

Wie gut setzt man sich mit diesem Mars durch? Das bereitet überhaupt keine Probleme.
Wie aggressiv macht dieser Mars? Man lässt sich nicht leicht aus der Ruhe bringen. Ist es aber einmal so weit, dann kracht's.
Wie viel Sexpower bekommt man mit ihm? Starken Partnern schenkt man alles. Schwächlinge schläfern ein.

Mars im Zeichen Jungfrau – Bedacht

Marsstärken Geistig fit, vernünftig, aktiv, arbeitsmotiviert, fleißig
Marsschwächen Zwanghaft, überängstlich

Die Botschaft des Mars lautet: »Feuer und Erde verbinden sich, wenn ich bei der Jungfrau, einem Erdzeichen, Station mache. Feuer und Erde zusammen wecken Aktivität, Arbeitswillen, Genauigkeit und Realitätssinn. Dein Feuer gleicht einer anhaltenden Glut. Das formt dich zu einem Menschen, der gern und gut arbeitet, ausdauernd und präzise ist, strategisch vorgeht und sich nicht unüberlegt in seine Arbeit stürzt. Diese Konstellation macht

dich auch vorsichtig. Das kann unter Umständen in Kleinlichkeit und Angst ausarten. Ebenso mag eine übertrieben kritische Haltung sich selbst und anderen gegenüber die Folge sein. Du brauchst daher ein Ventil, etwas, was dir erlaubt, mich ohne zu viel Kontrolle und Analyse ausleben zu können, zum Beispiel beim Sport oder anderen körperlichen Aktivitäten. Auch riskante Freizeitbeschäftigungen (Paragliding, Klettern) sind für uns beide geeignet: Du passt nämlich gut auf dich auf, und meinen Ansprüchen geschieht Genüge. Das wiederum kommt, zusammen mit der Jungfrauenergie, deinem Schaffen zugute.
Du solltest auch einen Weg finden, deine Wut und deine Verletzungen besser zu zeigen. Du neigst nämlich dazu, deine Aggressionen zu unterdrücken und irgendwo zu ›bunkern‹ – bis dann das Maß voll ist und du wegen einer Kleinigkeit explodierst.«

Mars-Check

Wie gut setzt man sich mit diesem Mars durch? Das fällt leider nicht leicht.
Wie aggressiv macht dieser Mars? Es dauert eine ganze Weile, bis es zur Explosion kommt.
Wie viel Sexpower bekommt man mit ihm? Man ist weder Hengst noch Schnecke. Auf jeden Fall macht Erfolg sexy.

Mars im Zeichen Waage – Charmant

Marsstärken Lebhaft, gesellig, beliebt, ausgleichend, korrekt
Marsschwächen Ausschweifend, untreu, unmäßig

Die Botschaft des Mars lautet: »In dieser Position vereinigen sich mein Feuer und die Luft der Waage. Davon profitieren beide Elemente, und sie werden aufgewertet. Du bist daher ein leichter, ›luftiger‹ Mensch von sanguinischem Temperament und besitzt die Gabe, andere rasch für dich einzunehmen. Dein Auftreten ist charmant, einfühlsam, zuvorkommend. Ein weiteres Plus dieser Position ist ein guter Geschmack und künstlerisches Talent.

Mit mir im Zeichen Waage wirst du zu einem Streiter für Frieden und Ausgleich. Wo immer Ungerechtigkeiten und Zwietracht herrschen, fühlst du dich aufgerufen, zu schlichten und zu versöhnen. Zuweilen breche ich aber auch bei dir in all meiner Heftigkeit durch, nämlich dann, wenn du zu lange versucht hast, mich zu kontrollieren und zu unterdrücken.
Mit mir kommt auch dein Denken schwer in Gang. Du glaubst, alle Probleme mit dem Kopf lösen zu können. Wichtig ist, dass du dir für ›deinen Mars‹ ein Ventil suchst. Man kann mich nicht zu permanenter Friedfertigkeit verdonnern. Aber wenn du mich anderweitig lebst, beim Sport, bei abenteuerlicher Freizeitgestaltung, dann gelingt es dir besser, mich für deine pazifistischen Missionen einzuspannen.«

Mars-Check

Wie gut setzt man sich mit diesem Mars durch? Als guter Taktiker beißt man sich durch.
Wie aggressiv macht dieser Mars? Der Grundtenor ist friedlich. Gelegentliche Eruptionen sind nicht ausgeschlossen.
Wie viel Sexpower bekommt man mit ihm? Sex ist da. Gesucht aber wird geistiges Verstehen.

Mars im Zeichen Skorpion – Leidenschaftlich

Marsstärken Kraftvoll, ausdauernd, hartnäckig, furchtlos, mutig
Marsschwächen Lasterhaft, rachsüchtig

Die Botschaft des Mars lautet: »Dir steht durch mich eine besondere, eine starke, vitale Kraft zur Seite. Du bist ausgesprochen zäh, wenn es um die Verwirklichung eines Zieles geht, an dem dir auch emotional liegt. Selbst Mühen und Unannehmlichkeiten, mit denen sich andere Menschen nicht belasten würden, nimmst du dann gern in Kauf. Nicht verwunderlich, dass diese Hartnäckigkeit mitunter zu außerordentlichen Leistungen führt! Dennoch bist du kein Kraftprotz, einer, der die Muskeln

spielen lässt und bei jeder Gelegenheit zeigen will, was er drauf-hat.
Der Skorpion ist vom Element her ein Wasserzeichen. Daher ist meine Kraft nicht auf äußere Wirkung aus. Meine Power geht nach innen. Diese Position führt dazu, dass du instinktmäßig weißt, wann dein Einsatz erforderlich ist, wann etwas Bedeutsames und Wichtiges ansteht und erledigt werden muss: Dann wirst du zum ›Helden‹. Daher ist dir zu raten, entsprechende Herausforderungen zu suchen und anzunehmen. Nur dann stehe ich voll auf deiner Seite. Ohne solche Kicks wirst du eher müde und lustlos reagieren. In der Verbindung zwischen Skorpion und mir besteht eine starke Neigung zur Zerstörung. Das ist immer dann gut, wenn etwas alt, verbraucht, überholt und ein neuer Anfang angezeigt ist. Aber hüte dich vor sinnloser Destruktion!
Mit dieser Konstellation verfügst du auch über eine kolossale Sexpower. Du bist leidenschaftlich, triebstark und letztendlich beseelt von der Idee, Nachwuchs in die Welt zu setzen.«

Mars-Check
Wie gut setzt man sich mit diesem Mars durch? Man operiert mit seiner Power indirekt und drückt so seinen Willen durch.
Wie aggressiv macht dieser Mars? Der Zerstörungskraft sind kaum Grenzen gesetzt.
Wie viel Sexpower bekommt man mit ihm? Mehr als alle anderen.

Mars im Zeichen Schütze – Temperamentvoll

Marsstärken Schlagfertig, gerecht, begeisterungsfähig, klar und offen
Marsschwächen Streitbar, aggressiv, beleidigend

Die Botschaft des Mars lautet: »Hier trifft Feuer auf Feuer, denn sowohl ich als auch der Schütze sind ihrer Natur nach feurig. Eine lodernde Flamme entsteht. Und im Zeichen Schütze manifestiere ich mich mit besonderer Intensität. Da Feuer ein Symbol gleicher-

maßen für Tatkraft wie geistige Regsamkeit ist, wirst du ein dynamischer, unternehmungsfreudiger Mensch, dessen Wirken durchdrungen ist von geistiger Weitsicht und Größe. Dein Handeln und Wirken wird stark von Idealen geleitet: von Gerechtigkeit, Ritterlichkeit und Fairness. Du bist leicht zu begeistern und, einmal in Schwung, kaum zu bremsen. Was du brauchst, ist ein Ziel, eine Hoffnung, eine Perspektive, sonst erlischt dein Feuer.
Allerdings kann es auch sein, dass dein Mars noch ein Schattendasein führt, dass du mich noch gar nicht richtig entdeckt hast. Vielleicht meinst du, keineswegs feurig oder übermäßig aktiv zu sein, sondern erlebst dich eher als passiven Zeitgenossen. Dies hieße dann, dass du einen Teil deines Selbst negierst – und dich auf die Suche nach mir, deinem Mars, begeben solltest.
Was dir hilft, mich zu initiieren, sind Bewegung, Tanz, aktiver Sport und Reisen. Vor allem aber solltest du direkter, spontaner und selbstbewusster werden. Du musst dich mit mir in deinem Inneren verbinden. Es ist alles vorhanden, was du brauchst.«

Mars-Check

Wie gut setzt man sich mit diesem Mars durch? Das klappt gut, solange Fairness herrscht.
Wie aggressiv macht dieser Mars? Zu streiten lohnt sich nur für eine gute Sache.
Wie viel Sexpower bekommt man mit ihm? Mit Sex ist man dem Himmel nah.

Mars im Zeichen Steinbock – Hartnäckig

Marsstärken Verantwortungsvoll, geduldig, zäh, mutig, tatkräftig
Marsschwächen Eigenwillig, missmutig

Die Botschaft des Mars lautet: »Das ist eine Verbindung von Feuer und Erde, da der Steinbock zu den Erdzeichen zählt. Feuer und Erde zusammen wecken Arbeitswillen, Genauigkeit und Reali-

tätssinn. Dein Feuer brennt nicht lichterloh (um sich dann rasch zu verzehren), sondern lang anhaltend wie eine wohlgeschürte Glut. Das macht dich zu einem Menschen, der gern und gut arbeitet, ausdauernd und präzise ist, strategisch vorgeht und sich nicht unüberlegt in seine Arbeit stürzt. Du bist auch extrem widerstandsfähig. Man kann dich mit einem Diamantbohrer vergleichen, der sich in eine Sache unaufhaltsam hineinfrisst. Und du bist erfolgreich. Du verfügst über die entsprechende Motivation und ein Gespür für Machtverhältnisse.
Diese Konstellation bedeutet aber auch, dass ein Wandel vonstattengehen muss. Aus einer impulsiven, feurigen, leicht erregbaren, leidenschaftlichen Energie wird eine kontrollier- und regelbare Kraft, die sich einer höheren Absicht fügt und dem Allgemeinwohl dient. Du darfst allerdings die ursprüngliche Qualität von mir, deinem Mars, nicht vollständig verlieren. Das würde zu Aggressionsstau und unter Umständen sogar zu gesundheitlichen Problemen führen.
Es ist also wichtig, dass du dir für die transformierten Eigenschaften ein Ventil suchst. Wenn du sie anderweitig lebst, beim Sport oder bei abenteuerlicher Freizeitgestaltung, dann gelingt es dir besser, mich für deine höheren Zwecke einzuspannen.«

Mars-Check

Wie gut setzt man sich mit diesem Mars durch? Harte Arbeit führt zum Ziel.
Wie aggressiv macht dieser Mars? Eigentlich ist man friedlich, lässt sich aber ungern provozieren.
Wie viel Sexpower bekommt man mit ihm? Wenn die Verhältnisse stimmen, kommt es zu Gipfelerlebnissen!

Mars im Zeichen Wassermann – Einfallsreich

Marsstärken Aufgeweckt, innovativ, selbständig, schöpferisch
Marsschwächen Prahlerisch, eingebildet

Die Botschaft des Mars lautet: »Es vereinigen sich Feuer (Mars) und Luft (Wassermann). Diese Kombination kommt beiden Elementen zugute und wertet sie auf. Du bist daher ein leichter, ›luftiger‹ Mensch, der über die Gabe verfügt, andere für sich einzunehmen. Dein Auftreten ist charmant, einfühlsam und zuvorkommend. Alltag, graues Einerlei, tägliche Routine sind dir ein Greuel. Du möchtest Neues erschaffen, eingefahrene Gleise verlassen, originell und schöpferisch sein. Freiheit ist für dich überaus wichtig. Du arbeitest besser, wenn dich nicht ständig jemand gängelt. Du bist der geborene ›Freelancer‹. Dein ausgeprägtes Improvisationstalent ermöglicht dir, originelle und unkonventionelle Lösungen zu finden, wenn du nicht durch Vorgaben eingeschränkt wirst. Auch in Beziehungen wird es schnell zu eng. Eine Ehe bereitet dir ebenfalls Probleme; du fühlst dich unfrei, wie ›eingesperrt‹.
Vielleicht aber entspricht diese Charakterisierung nicht deinem Selbstbild: Weder schätzt du dich als unabhängig oder freiheitsliebend noch als übermäßig schöpferisch ein. Dann ist zu vermuten, dass dein Mars noch auf seine Entdeckung wartet. Mach dich auf die Suche!
Was dir hilft, mich zu aktivieren, ist Bewegung, vor allem Tanz. Noch wichtiger aber wird es sein, unkonventioneller und spontaner zu werden. Du musst dich mit mir in deinem Inneren verbinden. Es ist alles da, was du dazu benötigst.«

Mars-Check

Wie gut setzt man sich mit diesem Mars durch? Genialität ist vorhanden, aber nicht unbedingt Durchsetzungskraft.
Wie aggressiv macht dieser Mars? Ein solches Verhalten ist undenkbar.
Wie viel Sexpower bekommt man mit ihm? Sex ist schön, aber längst nicht alles.

Mars im Zeichen Fische – Abwartend

Marsstärken Empfänglich, intuitiv, einfühlsam, kreativ
Marsschwächen Willensschwach, beeinflussbar, leicht zu täuschen

Die Botschaft des Mars lautet: »Mein Feuer und das Wasser der Fische treffen aufeinander. Das kann dazu führen, dass das Feuer zunächst einmal erlischt. Dann bist du ein Mensch, der Schwierigkeiten hat, seinen Willen durchzusetzen, die ›Ellenbogen‹ zu benutzen, sich zu behaupten – denn all dies sind Eigenschaften, die ich, der Planet Mars, verleihe. Gleichzeitig fühlst du dich jedoch innerlich gespannt, spürst Wut, Frustration und Ungenügen, aber du kannst damit nicht richtig herausrücken.
Es gibt allerdings auch die Möglichkeit, diese Qualitäten zu transformieren. Du wirst dann zwar noch lange nicht so direkt und forsch handeln können, wie es die ungebremsten Eigenschaften ermöglichen würden. Dafür gewinnst du eine andere Fähigkeit, nämlich ein kolossales Gespür. Das Fischezeichen ist seinem Wesen nach transparent, es besitzt keine klaren Grenzen, versetzt daher in die Lage, sich universell zu vernetzen. Du hast also eine Art sechsten Sinn, spürst andere Menschen, die sich nicht einmal in der Nähe aufhalten.«

Mars-Check

Wie gut setzt man sich mit diesem Mars durch? Das macht Probleme. Es gelingt nur dann wirklich, wenn man von der Sache hundertprozentig überzeugt ist.
Wie aggressiv macht dieser Mars? Es dauert ewig, bis man aus der Haut fährt.
Wie viel Sexpower bekommt man mit ihm? Sex ist wunderbar, aber er ist nicht alles.

Jupiter – Innerlich und äußerlich reich

Die Bedeutung Jupiters

Nachts, wenn Venus nicht mehr (oder noch nicht) am Himmel leuchtet, ist Jupiter eins der hellsten Gestirne überhaupt. Kein Wunder daher, dass er unseren Vorfahren, die der Nacht in viel umfassenderem Maße ausgeliefert waren als wir heute in unserer künstlich erhellten Zeit, ein Symbol für Hoffnung, Trost, Stimmigkeit und Gerechtigkeit war. Oft verband man ihn mit der obersten Gottheit.

So auch in der griechischen Mythologie, auf die sich die Symbolik der Astrologie entscheidend bezieht. Jupiter heißt bei den Griechen »Zeus«, und über ihn gibt es unzählige Mythen. So war er es, der gegen seinen grausamen Vater Saturn(us) bzw. Kronos, den obersten der Titanen, antrat und ihn besiegte. Saturn hatte nämlich außer Zeus alle seine Nachkommen aufgefressen, weil ihm geweissagt worden war, dass ihn eines seiner Kinder vom Throne stoßen würde. Rheia, Zeus' Mutter, versteckte ihren Sohn vor dem Vater, und die Prophezeiung erfüllte sich: Zeus entthronte ihn und warf ihn in den Tartaros.

Andere Geschichten über Jupiter/Zeus erzählen eher Delikates. So gelüstete es den obersten Gott immer wieder nach weltlichen Frauen, die er durch List dazu brachte, mit ihm zu schlafen und Kinder von ihm zu empfangen. Bei Leda zum Beispiel verwandelte er sich in einen Schwan und zeugte mit ihr Pollux. Auch Herakles und Dionysos entstammten seinem gemeinsamen Lager mit sterblichen Frauen. Gezeugt durch den unsterblichen Jupiter, erlangten seine Kinder ebenfalls das ewige Leben.

Die Position Jupiters im Horoskop verweist daher einerseits auf tiefe Einsichten: Jupiter sorgt dafür, dass einem »ein Licht aufgeht«, man letzten Endes weise wird. Auf der anderen Seite verkörpert er eine Gestalt, der eine unendlich große Liebe zukommt. Sinnbildlich gesprochen, sehnt sich der Mensch danach, sich mit dem göttlichen Jupiter zu vereinigen, um Kinder (symbolisch für Ideen und Taten) zu gebären, die unsterblich sind.

Des Weiteren symbolisiert Jupiter den großen Helfer, Heiler und Versöhner. Dort, wo er im Horoskop steht, findet der Mensch Kräfte, sich und andere zu trösten und zu stärken. Am bekanntesten ist Jupiter in der Astrologie aber deswegen, weil er das Glück verheißt.

♃ Das astrologische Symbol Jupiters besteht aus einem Halbkreis (er repräsentiert seelische Empfänglichkeit) und einem Kreuz, das wieder die Materie symbolisiert. Der Halbkreis neben dem Kreuz bedeutet: Das Seelische und die Materie gelten als gleichwertig, keines überragt das andere.
Wie zuvor bei Aszendent, Mond, Venus und Mars lässt sich die genaue Jupiterposition eines Horoskops mit Hilfe der Website des Autors ermitteln (www.bauer-astro.de).

Der Löwe und seine Jupiterzeichen

Jupiter im Zeichen Widder – Das Glück der Inspiration

Jupiterstärken Selbstvertrauen, Optimismus
Jupiterschwächen Prahlerei

Die Botschaft Jupiters lautet: »Glück ist für dich die Möglichkeit, deinen Willen und deine Impulse spontan und unmittelbar umsetzen zu können. Du bist ein Abenteurer, in Wirklichkeit wie im Geiste. Du möchtest wie Kolumbus die Welt entdecken. Und wie Einstein, Hildegard von Bingen oder Galileo Galilei den Gipfel menschlicher Erkenntnis erreichen. Wenn du dich bewegst, geistig wie körperlich, bist du deinem Schöpfer am nächsten. Stillstand hingegen führt zur Resignation; du fühlst dich fern vom großen Ganzen.
Durch deine optimistische und positive Weltauffassung bist du dafür bestimmt, anderen voranzugehen oder ihnen den Weg zu weisen. Es schlummert auch ein Heiler und Prophet in dir, der im Laufe deines Lebens geweckt werden will. Bevor du allerdings

selbst ein Heiler sein kannst, brauchst du Persönlichkeiten, die dir auf deinem Weg ein Vorbild sind. Mit der Gabe, andere zu führen, musst du behutsam umgehen. Hüte dich davor, sie zu blenden oder sich über ihr Unwissen zu erheben. Du darfst die Demut nie verlieren, und du darfst nicht vergessen, dass du selbst auch ein Suchender bist.«

Jupiter-Check

Wie wird man mit Jupiters Hilfe innerlich und äußerlich reich? Durch Handeln, Reisen, Unternehmungen, Initiativen.
Wie lässt sich mit diesem Jupiter helfen und heilen? Durch Körpertherapie, Yoga, Sport, Wärme, Motivation anderer, tatkräftiges Unterstützen, Zusprechen von Mut.

Jupiter im Zeichen Stier – Das Glück der Erde

Jupiterstärken Geduld, Großzügigkeit
Jupiterschwächen Bequemlichkeit

Die Botschaft Jupiters lautet: »Dein Glück liegt im ungestörten Genuss. Überfluss und Sicherheit bedeuten für dich die Erfüllung deiner Wünsche. Du bist geduldig. Wie ein Gärtner sorgfältig Samen und Pflanzen hegt, damit sie zur vollen Größe heranwachsen können, so überwachst du dein Hab und Gut, deine Anlagen und Talente und entwickelst sie zur vollen Reife. Der Vergleich mit dem Gärtner ist auch in anderer Hinsicht passend. Denn du liebst die Natur. Eine Waldlichtung im Frühling erscheint dir wie ein Dom, und du bist deinem Schöpfer vielleicht näher als in einer Kirche. Die Natur zeigt die Ordnung, Stimmigkeit und Erfüllung. Und die Natur heilt. Sie heilt dich, wenn du erschöpft oder krank bist. Du brauchst dich nur unter einen Baum zu legen, und du fühlst dich sofort besser. In der Natur findest du aber auch die Stoffe, um andere zu heilen. Nahrung, Heilkräuter, homöopathische Essenzen: Alles erhält durch Jupiter eine höhere Potenz, heilt und macht ganz.

Wovor du dich hüten musst, ist, Besitz zu horten. Ein Baum sammelt nicht die Erde, die ihn hält, er benutzt sie, um in den Himmel zu wachsen.«

Jupiter-Check

Wie wird man mit Jupiters Hilfe innerlich und äußerlich reich? Durch Geduld und Nähe zur Erde. Durch materiellen Wohlstand. Durch Liebe und Sinnlichkeit.

Wie lässt sich mit diesem Jupiter helfen und heilen? Mit den Heilkräften der Natur.

Jupiter im Zeichen Zwillinge – Das einfache Glück

Jupiterstärken Begeisterungsfähigkeit

Jupiterschwächen Ruhelosigkeit

Die Botschaft Jupiters lautet: »Dein Glück findest du im Alltäglichen, auf einem Wochenmarkt, im Zug, bei einer Unterhaltung mit Freunden und Bekannten. Aber auch zu Menschen, die du noch nicht kennst, findest du rasch einen Bezug und große Nähe. Dieses ›kleine Glück‹ bedeutet dir mehr, als nach großer und absoluter Erfüllung zu suchen. Du verfügst über eine enorme sprachliche Begabung, kannst gut schreiben, formulieren und sprechen.

Um dich wohl zu fühlen, brauchst du die Geselligkeit, verbalen Austausch und lebendige Kommunikation. Unter Menschen findest du zu dir und fühlst dich aufgehoben. Allein hingegen verlierst du deine innere Sicherheit und den tiefen Glauben, dass alles sinnhaft ist und von einem höheren Willen getragen wird. Daher ist es auch deine Aufgabe, andere miteinander zu verbinden, damit sie sich nicht als isoliert erleben. Der Mensch ist ein soziales Wesen. Er wächst in einer Familie auf, schafft sich später seine eigene Familie, seine Arbeitswelt, seine Freunde. Du bist auf der Welt, um andere aus ihrer Einsamkeit zu befreien, in die sie irrtümlicherweise geraten sind.«

Jupiter-Check
Wie wird man mit Jupiters Hilfe innerlich und äußerlich reich? Im Kleinen, in den Dingen, die sich im Umfeld befinden. Und in der Begegnung mit anderen.
Wie lässt sich mit diesem Jupiter helfen und heilen? Durch gute Worte, aufmunternden Zuspruch, durch Zuhören und Teilnahme. Durch Verbinden und Vernetzen.

Jupiter im Zeichen Krebs – Das Glück der Geborgenheit

Jupiterstärken Suggestivwirkung, Phantasie
Jupiterschwächen Gefühlspathos, Missbrauch

Die Botschaft Jupiters lautet: »Wenn du fühlst, bist du. Man kann dich einen ›Seelentaucher‹ nennen, denn deine liebste Beschäftigung ist es, dich in deine eigene oder die Seele anderer zu vertiefen. Eine gesunde und heile Psyche ist für dich unerlässlich, um zufrieden zu sein. Auch Menschen aus deinem Umfeld wenden sich an dich, weil sie intuitiv spüren, dass du ihnen helfen kannst, ihr Innenleben zu heilen.
In der Familie siehst du den Anfang allen Glücks, aber auch allen Elends. Sosehr du sie schätzt, so fern liegt es dir, nur dein eigenes Nest zu bewundern. Im Gegenteil, fremde Sitten und Gewohnheiten sind dir ebenso wichtig wie die eigenen. Am liebsten würdest du in einer Gemeinschaft leben, die von Menschen unterschiedlichster Herkunft getragen wird.
›Geborgenheit‹ ist für dich kein leeres Wort, sondern ein anderer Ausdruck für ›Erfüllung‹, ›Heimat‹, ›Göttlichkeit‹ und ›Ewigkeit‹. Wie ein Seismograph erspürst du daher Unstimmigkeiten in deinem Umfeld, die disharmonisch sind und den Frieden stören können. Deine großen heilerischen Fähigkeiten ermöglichen es, solche Störungen sichtbar zu machen. Hüten musst du dich aber davor, als Retter aufzutreten. Du bist wahrhaftig, wenn du alles einfach nur geschehen lässt.«

Jupiter-Check

Wie wird man mit Jupiters Hilfe innerlich und äußerlich reich? Im Fühlen, in der Liebe, im Geben, in der Familie, in der Vergangenheit, bei den Ahnen.
Wie lässt sich mit diesem Jupiter helfen und heilen? Durch aufdeckende Gespräche.

Jupiter im Zeichen Löwe – Das Glück der Herzensfreude

Jupiterstärken Herzenswärme, Großmut
Jupiterschwächen Eitelkeit, Dünkel

Die Botschaft Jupiters lautet: »Glück bedeutet für dich, dass du die Möglichkeit hast, spontan und großzügig schenken zu können. Äußere Werte sind dir deshalb nicht unwichtig, denn nur wer hat, kann auch geben. Aber du bist absolut kein Materialist, im Gegenteil: Wenn du nach Macht und Einfluss strebst, dann nicht in erster Linie um persönlicher Vorteile willen, sondern weil du überzeugt bist, anderen etwas geben zu können. Du verbreitest Optimismus. Deine Bestimmung ist es, anderen die Freude am Leben zu zeigen. So wie ich, dein Jupiter, einst die Schreckensherrschaft Saturns beendet habe und den Menschen eine gütigere, gerechtere Zeit brachte, so bist du auf der Welt, um Menschen zu erheitern, Sorgen und Kummer zu vertreiben.
Hüten musst du dich vor Stolz und Überheblichkeit. Bleib gütig! Trag das Feuer der Freude unter die Menschen, aber achte darauf, dass du niemanden damit verbrennst!«

Jupiter-Check

Wie wird man mit Jupiters Hilfe innerlich und äußerlich reich? Durch lebendige Teilnahme am Leben, Großzügigkeit und die Kraft des Herzens.
Wie lässt sich mit diesem Jupiter helfen und heilen? Indem man anderen das Leben als nährenden Urgrund zeigt, als göttlichen Spielplatz.

Jupiter im Zeichen Jungfrau – Das Glück der Unschuld

Jupiterstärken Engagement, Bescheidenheit
Jupiterschwächen Zersplitterung

Die Botschaft Jupiters lautet: »Glück ist für dich die einfachste Sache der Welt, es liegt vor der Tür, es braucht nur gefunden und aufgehoben zu werden. Einzige Voraussetzung: Man muss unschuldig sein wie ein Kind. Du bist daher auch kein Freund großangelegter und sich ewig hinziehender Expeditionen auf der Suche nach dem Glück. Entweder es ist hier – oder nirgends.
Insbesondere die Natur ist dir ein genialer Lehrmeister. Die Folge der Jahreszeiten, das Ineinandergreifen von Phasen des Wachstums und der Stagnation: Das alles ist für dich ein Ausdruck göttlicher Ordnung, die sich tagtäglich und jahraus, jahrein wiederholt. Auf besondere Weise faszinieren dich aber auch die Vorgänge im Zusammenhang mit dem menschlichen Körper. Dieses tagtägliche Wunder von Nahrungsaufnahme und Verwandlung in Leben, das Zusammenwirken Tausender Prozesse – all dies sind für dich sinnhafte Beweise göttlichen Wirkens.
Deine Kenntnisse befähigen dich zum Heiler. Schon durch deine Nähe initiierst du bei anderen die Genesung. Wovor du dich hüten musst, ist, dein Wissen zu missbrauchen. Wirke durch gutes Beispiel und nicht durch Besserwisserei!«

Jupiter-Check

Wie wird man mit Jupiters Hilfe innerlich und äußerlich reich? Im alltäglichen Tun, bei der Arbeit, im Gefühl der Ordnung.
Wie lässt sich mit diesem Jupiter helfen und heilen? Durch bewusste Ernährung, das Studium von Körper und Geist und Lernen von der Natur.

Jupiter im Zeichen Waage – Das Glück der Liebe

Jupiterstärken Toleranz, Lebenskunst
Jupiterschwächen Eitelkeit, Genusssucht

Die Botschaft Jupiters lautet: »Glück findest du in der Kraft der Liebe. Du brauchst nicht einmal selbst unmittelbar daran teilzuhaben. Auch wenn andere Menschen sie entdecken, fühlst du dich angenommen, zu Hause, eins mit der Schöpfung. Noch göttlicher ist es natürlich, wenn Amor dich selbst trifft. Auf einer Wolke schwebst du, im Paradies bist du angekommen … Liebe ist deiner Meinung nach Ursprung und Ziel allen Seins. Gott ist die Liebe, und das Leben entspringt aus ihr. Der Liebe gibst du alles. Umgekehrt beschenkt sie dich auch. Du kannst andere tief berühren, trösten, erfreuen und aufbauen.
Auch der Kunst gehört dein Herz. Allerdings zählt für dich nur das dazu, was von Liebe getragen ist und Harmonie und Stimmigkeit ausdrückt. Im Grunde schlummert in dir selbst ein Künstler, der darauf wartet, seine Fähigkeiten zum Fließen bringen zu können. Wovor du dich hüten musst, ist, dich von Liebe und Harmonie einlullen zu lassen. Alles im Leben hat zwei Seiten. Zur Liebe gehört Auseinandersetzung und zur Harmonie Spannung. Nur wenn du das Gleichgewicht zwischen beiden Seiten findest, ist die Liebe vollendet.«

Jupiter-Check

Wie wird man mit Jupiters Hilfe innerlich und äußerlich reich? Indem man verzeiht, liebt, empfangen und geben kann.
Wie lässt sich mit diesem Jupiter helfen und heilen? Allein die Nähe heilt, und Berührungen sind eine Wohltat.

Jupiter im Zeichen Skorpion – Das Glück der Tiefe

Jupiterstärken Tiefgründigkeit, Spiritismus
Jupiterschwächen Exaltiertheit, Despotismus

Die Botschaft Jupiters lautet: »Glück findet sich deiner Meinung nach auf dem Grund aller Dinge, nicht an der Oberfläche. Dieses Wissen habe ich dir verliehen. Du sollst es weiterverbreiten. Was die Welt zusammenhält, ist der ewige Kreislauf von Zeugung, Geburt, Leben und Tod. Alles war schon immer, und alles wird immer sein. Daher musst du dich in besonderer Weise solcher Angelegenheiten annehmen, die ausgegrenzt werden aus dem Ganzen, aber dazugehören. Zum Beispiel ist für dich der Schatten ein notwendiger Teil des Lichts. Du fühlst dich daher veranlasst, dich für Schwächere einzusetzen oder aus der Gesellschaft Ausgeschlossene zu unterstützen. Du weißt instinktiv, dass es dem Leben schadet, wenn nicht alle Seiten integriert werden.

Mein heilendes Jupiterfeuer lodert in dir sehr stark. Wie Pollux einst seinem toten Bruder Castor in die Unterwelt folgte, um ihn zu retten, bist du bereit, die größten Unannehmlichkeiten auf dich zu nehmen, damit das Leben keinen Teil verliert. Du bist daher der geborene Retter und Heiler, gleich, ob du diese Gaben in einem Beruf ausübst oder sie als selbstverständlichen Beitrag in deinen Alltag einbringst. Wovor du dich hüten musst, ist, dem Dunklen und Schatten zu sehr zu verfallen – und das Helle nicht mehr klar zu sehen.«

Jupiter-Check

Wie wird man mit Jupiters Hilfe innerlich und äußerlich reich? Indem man das Offensichtliche hinterfragt, in die Tiefe geht, abwartet und einfach *ist.*

Wie lässt sich mit diesem Jupiter helfen und heilen? Indem man sich derer annimmt, die ein Schattendasein führen.

Jupiter im Zeichen Schütze – Das Glück der Weisheit

Jupiterstärken Idealismus, Glaube, religiöse Erfahrung, Sinnsuche

Jupiterschwächen Schwärmerei, Naivität, Dogmatismus

Die Botschaft Jupiters lautet: »Du bist auf der Welt, um das Glück zu suchen. In dir lebt die Geschichte aller fahrenden Völker fort, der Nomaden und Boten, herumziehenden Bader, Gaukler, Barden und Geschichtenerzähler. Letztlich ist es die Suche nach dem Heiligen Gral, nach Erleuchtung, der blauen Blume, der Quintessenz der Alchemie. Glaube ist für dich Realität, Gott ist nicht irgendwo unerreichbar, sondern überall. Auf dem Weg zu sein ist für dich das Ziel.

So verbreitest du die Wahrheit des Vielen und nicht die des Einen. Deswegen bist du so tröstlich für diese Welt: Denn du hast immer noch eine Perspektive, siehst immer noch eine Möglichkeit. Nichts ist für dich aussichtslos: Viele Wege führen nach Rom, und kein Problem ist so groß, dass es nicht doch eine Lösung gäbe.

Das Feuer, das ich, dein Jupiter, dir in die Hände gebe, heißt Weisheit. Wovor du dich allerdings hüten musst, ist, das Kind mit dem Bade auszuschütten. In deinem heilsamen Krieg gegen die Blindheit der Menschen läufst du Gefahr, selbst blind und einseitig zu werden.«

Jupiter-Check

Wie wird man mit Jupiters Hilfe innerlich und äußerlich reich? Durch die Suche nach Sinn und Göttlichkeit.

Wie lässt sich mit diesem Jupiter helfen und heilen? Durch eine Lebensweise, die Hoffnung verbreitet.

Jupiter im Zeichen Steinbock – Das Glück des Erfolgs

Jupiterstärken Führungsqualität, Ausdauer
Jupiterschwächen Lehrmeisterei

Die Botschaft Jupiters lautet: »Glück ist für dich, deine Arbeit getan zu haben und Ruhe und Sammlung dankbar zu genießen. Glück ist für dich aber auch, sich einer Sache vollständig zu verschreiben, ihr zu gehören, bis sie vollbracht ist. Darin gleichst du einem Bergsteiger, der nicht eher ruht, als bis er auf dem Gipfel steht und dort nach dem nächsten Ausschau hält. Du bist ein Mensch, der sich selbst antreiben und motivieren kann.
Ich, dein Jupiter, befähige dich auch, zu einem Führer zu werden, einer, der anderen vorausgeht. Um das zu leisten, was dein Karma ist, brauchst du Kraft, Ausdauer und Zähigkeit. Du bist hart zu dir selbst, weil du weißt, dass deine Ziele keine Schonung dulden. Das Gleiche erwartest du allerdings auch von anderen, was manchmal dazu führt, dass diese dich fürchten und dir aus dem Weg gehen. Daher ist es für dich wichtig, zu erkennen, dass nicht alle Menschen aus dem gleichen (harten) Holz geschnitzt sind wie du. Entwickle Geduld, Nachsicht und Toleranz für deine Mitmenschen, und du wirst eines Tages den höchsten Berg bezwingen, nämlich den der Weisheit.«

Jupiter-Check

Wie wird man mit Jupiters Hilfe innerlich und äußerlich reich? Durch Arbeit und Übernahme von Verantwortung, durch Demut.
Wie lässt sich mit diesem Jupiter helfen und heilen? Durch vorbildliches Verhalten, durch richtige Führung.

Jupiter im Zeichen Wassermann – Das Glück des Wandels

Jupiterstärken Humanismus, Toleranz
Jupiterschwächen Autoritätskonflikte

Die Botschaft Jupiters lautet: »Glück ist für dich das Gefühl, vorwärtszuschreiten, nicht stehen zu bleiben und deinen Idealen von einer gerechten, liebevollen Welt näherzukommen. Du unterstellst dich selbst dem Fortschritt, arbeitest, und wenn es nötig ist, kämpfst du für ihn. Es geht dir nicht um deine eigene Zukunft. Du bist ein Philanthrop, ein Menschenfreund, der an das Gute glaubt. Dabei unterstützt du Eigenverantwortung und Autonomie. Hilfe zur Selbsthilfe: So lautet dein Programm. Es fällt dir schwer, dich in eine Hierarchie einzuordnen. Ungleichheit zwischen den Menschen ist für dich ein Greuel. Die Kraft deines Glaubens an eine positive Zukunft macht dich für diesen Planeten so wichtig. Denn deinen Visionen ist es zu verdanken, dass die Welt nicht stehen bleibt, sondern sich immer weiterentwickelt.
Wovor du dich in Acht nehmen musst, ist, das Alte nicht völlig zu verwerfen. Du beraubst dich sonst deiner eigenen Wurzeln. Dann aber wird auch der Fortschritt illusorisch.«

Jupiter-Check

Wie wird man mit Jupiters Hilfe innerlich und äußerlich reich? Durch Arbeit für eine bessere Zukunft.
Wie lässt sich mit diesem Jupiter helfen und heilen? Durch Vermittlung neuer Perspektiven, durch solidarische Unterstützung und Veränderung.

Jupiter im Zeichen Fische – Das Glück des Seins

Jupiterstärken Liebe, Mitgefühl, Intuition

Jupiterschwächen Helfersyndrom

Die Botschaft Jupiters lautet: »Glück bedeutet für dich, eins zu sein mit der Schöpfung – ähnlich einem Tropfen, der ins Meer fällt und eins wird mit dem Ganzen. Dein Leben richtet sich nach dem Ideal der Selbstlosigkeit und dem Zurückstellen eigener Bedürfnisse hinter das Wohlergehen des größeren Ganzen. Soziales Engagement ist für dich kein politisches Schlagwort, sondern selbstverständliche Lebensqualität. Du bist sensibel, empörst dich über Ungerechtigkeit und Lieblosigkeit. Ich, dein Jupiter, verleihe dir eine besondere Magie, die Leid und Traurigkeit auflösen kann. Du tust aber gut daran, diese Fähigkeit weiterzuentwickeln, indem du zum Beispiel Heilpraktiker wirst oder dich mit Themen beschäftigst, die deine Anlagen fördern.
Da du dich oft an großen Idealen orientierst, macht dir der Umgang mit der unmittelbaren, konkreten Wirklichkeit mitunter Mühe. Des Weiteren ist es wichtig, dass du dich als Helfer nicht ausnutzen lässt. Du musst lernen, dich abzugrenzen.«

Jupiter-Check

Wie wird man mit Jupiters Hilfe innerlich und äußerlich reich?
Durch Hingabe an das, was ist, durch Liebe des Ganzen.
Wie lässt sich mit diesem Jupiter helfen und heilen? Es sind große heilerische Fähigkeiten vorhanden, die aber gefördert werden sollen.

Saturn – Zum Diamanten werden

Die Bedeutung Saturns

Früher galt Saturn in der Astrologie weithin als Übeltäter, als Verkörperung des Schlechten und Bösen. Er scheint es darauf abgesehen zu haben, uns das Leben so schwer wie irgend möglich zu machen. Wie der Drache im Märchen verkörpert er Gefahr, Schrecken, ja, zuweilen sogar den Tod. Daher finden sich alte Darstellungen, auf denen Saturn häufig als Knochengerüst mit Sense zu sehen ist, das alles erbarmungslos niedermäht. Saturn kennt kein Mitleid, keine Gnade. Er wirft den Menschen ihr Schicksal vor die Füße – und es bleibt nichts anderes, als es zu nehmen und zu tragen.
Heutzutage wird seine Wirkung positiver gesehen: Wenn Saturn einen noch so sehr plagt, schikaniert, an den Abgrund heranführt, dann hilft er ebenso, sich gegen die Unbilden des Schicksals zu wappnen. Er »schmiedet« den Menschen, macht ihn hart, widerstandsfähig und ausdauernd. Wer immer etwas Großes erreicht in seinem Leben, der schafft es mit Hilfe Saturns und seiner (oft) grausamen Wechselbäder. Da, wo im Horoskop der Planet Saturn steht, muss der Mensch also lernen, in die Schule gehen, dort wird er gestreckt und zusammengeschoben, kritisiert und tyrannisiert, trainiert und behindert – bis er nahezu Perfektion erlangt: Vollkommenheit und Reinheit. Vom Rohling zum Diamanten, so lässt sich das Wirken Saturns zusammenfassen.
Und dennoch geht es dabei keineswegs ausschließlich um Härte, Ausdauer, Übung, Verzicht und unermüdliches Arbeiten an sich selbst. Der Weg zur Vollkommenheit führt unmittelbar am Fluss der Gnade entlang. Saturn ist kein kalter, gemeiner, fordernder Feind, dem gegenüber es sich zu wappnen und zu rüsten gilt. Er verlangt, nein, er verdient Ehrfurcht, Demut, Liebe.

♄ Das astrologische Symbol besteht aus einem Halbkreis, der dem Kreuz untergeordnet ist. Es drückt aus, dass das Seelische (Halbkreis) unter dem Materiellen (Kreuz) steht, ihm untergeordnet ist.

Auf den folgenden Seiten finden sich die zentralen Eigenschaften der Saturnposition in einem Horoskop. Bei der individuellen Anwendung ist einmal mehr zu berücksichtigen, dass diese Stellung stets auch durch Verbindungen mit den übrigen Gestirnen eine andere Färbung bekommen und im Einzelfall auch einmal stark von den hier genannten Deutungen abweichen kann.
Ihre exakte Saturnposition können Sie wieder über die Homepage des Autors herunterladen (www.bauer-astro.de).

Der Löwe und seine Saturnzeichen

Saturn im Zeichen Widder – Über die Kraft herrschen

Saturnstärken Ehrgeizig, machtvoll, führungsbegabt, durchsetzungsstark, edel
Saturnschwächen Rechthaberisch, sarkastisch, bösartig, bissig, gemein

Die Botschaft Saturns lautet: »In deinem Leben geht es darum, deine Wildheit zu bändigen, deine Emotionen zu zügeln und deinen persönlichen Willen einem höheren Ziel, einer Idee mit allgemeinem Wert unterzuordnen. Stell dir mich, Saturn, als ›Pferdeflüsterer‹ und das Widderzeichen als ein wildes Pferd vor, aus dem ein edles Ross werden soll, das dem Reiter seine feurige Energie voll und gern zur Verfügung stellt.
Viele Menschen mit dem Saturn im Zeichen Widder tendieren allerdings dazu, ihre Wildheit zu brechen, sie zu unterdrücken. Sie verdrängen und vergessen sie und sind schließlich im Besitz eines, um es salopp auszudrücken, alten Kleppers. Damit du nicht in diesen Zustand gerätst, bedarf es großer Geduld und harter Arbeit an dir selbst. Du musst die Auseinandersetzung mit dem Leben als Läuterungsprozess begreifen und Kritik nicht als Verhinderung oder Bösartigkeit des Schicksals, sondern als einen Wink Saturns nehmen. Wichtig ist auch, dass du deine Emotionen, Wünsche

und Sehnsüchte hinterfragst und diesem Prozess der Katharsis unterordnest.«

Saturn-Check
Wo muss man sich diesem Saturn beugen? Man muss sein Feuer zähmen und sich in Geduld üben.
Welche Mittel und Methoden wendet Saturn an? Vollkommenheit soll erreicht werden durch Verhinderung, Kritik und Strafe.
Worauf muss man achten? Nicht zu streng und rechthaberisch zu werden.

Saturn im Zeichen Stier – Über die Lust herrschen

Saturnstärken Beharrlichkeit, Festigkeit, Standhaftigkeit, Sparsamkeit
Saturnschwächen Geiz, Gefühllosigkeit, Sturheit, Gier, Neid, Existenzangst

Die Botschaft Saturns lautet: »Du musst deine Lust und deine Gier kontrollieren. Denn du neigst dazu, dass du mehr und härter arbeitest, als dir guttut, dass du nervös und gestresst bist und schließlich arbeitsunfähig wirst. Überdies tendierst du dazu, dein Geld in Geschäften anzulegen, die du nicht übersiehst, und am Ende ergeht es dir wie ›Hans im Glück‹: Du besitzt gar nichts mehr. Du läufst also Gefahr, über deine Verhältnisse zu leben, und das von Kindesbeinen an.
Dramatische Auseinandersetzungen mit Eltern und anderen Erwachsenen sind die Folge, wobei in deinen Augen zunächst immer die anderen die ›bösen, versagenden und missgünstigen‹ Menschen sind. Aber es ist mein Einfluss, der dir das Leben schwermacht. Ich, Saturn, verlange Verzicht – und das gerade dort, wo du am meisten Spaß hast. Das ist ein harter, mühsamer, frustrierender Weg. Auf diese Weise entwickelst du jedoch eine besonders feine Sinnlichkeit, wirst zum Genießer der kleinen Dinge und der wirklichen Köstlichkeiten des Lebens.«

Saturn-Check

Wo muss man sich diesem Saturn beugen? Seiner Lust und seinen Wünschen nicht nachgeben, Vorsicht beim Streben nach materiellen Werten.

Welche Mittel und Methoden wendet Saturn an? Der Weg führt durch Leid, Schmerzen, Versagung und Verhinderung, unter Umständen auch durch Krankheit.

Worauf muss man achten? Sich nicht kasteien und sich und den anderen so die Lust am Leben nehmen.

Saturn im Zeichen Zwillinge – Über die Leichtfertigkeit herrschen

Saturnstärken Klarheit, Überblick, das Wesentliche erkennen, literarisches Geschick, geistige Wendigkeit

Saturnschwächen Die Wahrheit verdrehen, Unsicherheit, Besserwisserei, Charakterschwäche

Die Botschaft Saturns lautet: »Deine Aufgabe ist es, dich im Leben nicht zu verzetteln, die Wahrheit zu finden und nicht ihren Schein, Wissen zu erwerben, das wirklich nützlich ist. Du gehst dein Lebtag lang in eine Schule, in der du lernst, stetig besser zu werden, immer mehr Kenntnisse zu erwerben. Aber dieses ›Besser‹ und dieses ›Mehr‹ sind nicht einfach quantitativ gemeint. Es geht um einen großen Reifungsprozess.

Was ist der Grund, dich dermaßen streng zu disziplinieren? In deiner Persönlichkeit findet sich ein unglaublich leichtfertiger Anteil. Aus der Sicht des (Über)lebens heraus braucht es daher eine andere, eben die saturnische Kraft, damit du dir nicht aus dieser Gedankenlosigkeit heraus selbst schadest. In deiner Tiefenpsyche herrscht also ein berechtigter Zweifel an deinen Kontrollfunktionen. Das ist der Grund für die Strenge Saturns. Wenn du mit mir, dem Zwillingesaturn, behutsam und richtig umgehst, dann ›schleifst‹ du dich selbst, wirst nicht überheblich, sondern orientierst dich an anderen und suchst dir Lehrer und Meister, die dir helfen, vollkommener zu werden.

Worauf du noch achten musst: Mit dieser Saturnstellung neigt man zu einsamen Entschlüssen. Sozusagen als Gegenreaktion auf die Leichtfertigkeit wird man zum Dogmatiker und Besserwisser, zu einem, der alles mit dem Kopf checkt. Eine solche Haltung entspricht nicht meinem Wunsch.«

Saturn-Check

Wo muss man sich diesem Saturn beugen? Lernen, Kritik konstruktiv zu nehmen. Man muss über sämtliche Konsequenzen seines Verhaltens Bescheid wissen.
Welche Mittel und Methoden wendet Saturn an? Mit Verhinderung, Misserfolg und Demütigung muss man rechnen.
Worauf muss man achten? Nicht dogmatisch und überheblich zu werden. Auch vor allzu großer Strenge muss man sich hüten.

Saturn im Zeichen Krebs – Über die Gefühle herrschen

Saturnstärken Selbstbeherrschung, seine Gefühle im Griff haben, zum Kern vordringen, Distanz, Wahrhaftigkeit, Zuverlässigkeit
Saturnschwächen Gefühlskälte, Rückzug, Misstrauen, Pessimismus

Die Botschaft Saturns lautet: »Aus einem Wesen, das seinen Instinkten, seinem ›Bauch‹ folgt, soll ein Mensch werden, der sein Leben nach Einsicht, Wahrheit und höherem Wissen steuert. Der Weg ist überaus schwierig und schmerzlich. Saturn hat dir nämlich Angst vor dem Glück und sogar vor der Liebe eingepflanzt. Als wäre es für dich verboten, Zufriedenheit zu kosten, als müsstest du immer wieder die Erfahrung machen, dass das Leben bitter ist.
Woher kommen diese Ängste? Deine Psyche ist geprägt von traumatischen Erfahrungen. Es kann sein, dass sie aus früheren Leben stammen. Es ist aber genauso möglich, dass du mit bestimmten existenziellen Erfahrungen deiner Ahnen verbunden bist. Jeden-

falls lebt in dir die Angst fort, deine Gefühle könnten missbraucht werden, so wie es schon einmal geschehen ist. Deswegen misstraue ich, Saturn im Zeichen Krebs, grundsätzlich allen Empfindungen. Es ist reiner Schutz. Du sollst über die Gefühle hinauswachsen, unabhängig und frei von ihnen werden.
Aber du darfst mich auch nicht zum Alleinherrscher über dein Leben erheben und grundsätzlich vor allen Regungen davonlaufen. Du sollst klüger, erfahrener ins Leben treten, damit dir nichts Schlechtes widerfährt. Ziel deines Daseins ist es, deine Vergangenheit zu überwinden, nicht vor ihr zu kapitulieren. Stell dich deinen Gefühlen! Du bist kein Kind mehr, das man verletzen kann. Du bist eine erwachsene, starke Persönlichkeit!«

Saturn-Check

Wo muss man sich diesem Saturn beugen? Der Weg führt durch Leid, Schmerzen, Versagung und Verhinderung, unter Umständen auch durch Krankheit.
Welche Mittel und Methoden wendet Saturn an? Angst, Schmerzen, Versagung und Leid.
Worauf muss man achten? Das »Kind nicht mit dem Bad auszuschütten« sowie Gefühle zu missachten und zu unterdrücken.

Saturn im Zeichen Löwe – Über das Ego herrschen

Saturnstärken Selbstbeherrscht, erhaben, edel, vollendet
Saturnschwächen Arrogant, selbstherrlich

Die Botschaft Saturns lautet: »Du bist dafür bestimmt, das Höchste anzustreben – und musst doch immer wieder die Erfahrung machen, ganz unten zu sein. Durch mich, Saturn im Zeichen Löwe, werden Menschen geschmiedet, die Ruhm und Ehren erwerben, Meister und Führungspersönlichkeiten. Aber der Weg dorthin ist beschwerlich. Du wirst viel erdulden, durchmachen und verstehen müssen. Das Leben pendelt zwischen

Macht und Ohnmacht, zwischen Stolz und Scham hin und her. Allmählich entwickelst du vielleicht Angst vor Macht, Verantwortung und Erfolg – und wirst doch davon auch regelrecht angezogen.
Diese Saturnposition kann mit der Zeit zu Unlust dem Leben gegenüber führen. Dagegen musst du dann selbst ›zu Felde ziehen‹. Zuvor aber brauchst du die Einsicht, was ich eigentlich bezwecken möchte. Bedenke, dass diese Stellung die Folge von Machtmissbrauch ist. Vielleicht hast du in einem früheren Leben versagt, die Verantwortung nicht übernommen. Vielleicht trägst du aber auch an einer Schuld der eigenen Ahnen.
Saturn im Zeichen Löwe ›erzieht‹ dich dazu, dein Wirken, dein Verhalten und Sein zu überdenken und hinsichtlich sämtlicher Konsequenzen zu verantworten. Dazu gehört im Besonderen das Verhalten als Vater bzw. Mutter den eigenen Kindern gegenüber. Du musst die Verantwortung selbst dann übernehmen, wenn du nach gängiger Meinung davon freigesprochen wirst, wie zum Beispiel bei einer Krankheit oder einem Unfall.«

Saturn-Check

Wo muss man sich diesem Saturn beugen? Lernen, Verantwortung zu übernehmen.
Welche Mittel und Methoden wendet Saturn an? Man wird behindert, gedemütigt, kritisiert.
Worauf muss man achten? Nicht zu einem lust- und lebensfeindlichen Menschen zu werden.

Saturn im Zeichen Jungfrau – Über den Körper herrschen

Saturnstärken Treue, Anhänglichkeit, Arbeitseifer, Selbstkontrolle, Genügsamkeit

Saturnschwächen Ernst, Pedanterie, Kritiksucht

Die Botschaft Saturns lautet: »Bei dir trifft Kontrolle auf Kontrolle. Denn allein das Zeichen Jungfrau bedeutet, dass man seine Gefühle, seine Triebe, seinen Sex, seinen gesamten Körper im Griff hat. Wenn dann ich, Saturn, noch hinzukomme, verdoppelt sich die vorsichtige und kritische Einstellung. Bei dermaßen viel Skepsis muss in der Vergangenheit (in einem früheren Leben, in der eigenen Ahnenreihe) etwas geschehen sein, das große Angst hervorgerufen hat: Angst vor Sexualität und dem damit verbundenen Akt der Zeugung, Angst vor Schwangerschaft und Geburt. Saturn in der Jungfrau verweist auf ein ›Versagen‹ in diesem Bereich: Vielleicht musste eine Schwangerschaft abgebrochen werden, möglicherweise kam ein Kind tot zur Welt, oder beide, Mutter und Kind, starben.

Durch meine Position wird jetzt ein Riegel vor Sex und Zeugung geschoben, werden die Gefühle blockiert, die Lust verringert, wird versucht, aus dem ›Tiermenschen‹ mit seiner Abhängigkeit von Lust und Trieben einen Homo sapiens im wahrsten Sinne des Wortes, einen ›weisen‹ Menschen zu machen. Ich, Saturn, verhindere also und wecke zugleich die Sehnsucht, das Körperhafte des Lebens zu transformieren, ein Wesen zu sein, dessen Energie nicht aus den Lenden, sondern aus dem Geist kommt. Das heißt beileibe nicht, dass du dich in ein Kloster zurückziehen sollst. Aber du musst dich mit diesem Thema auseinandersetzen. Das bleibt niemandem erspart, dessen Saturn im Zeichen Jungfrau steht.«

Saturn-Check

Wo muss man sich diesem Saturn beugen? Man muss seine Lust kontrollieren.

Welche Mittel und Methoden wendet Saturn an? Versagen, Enttäu-

schung, Krankheit, darauf muss man gefasst sein. Einsicht ist Bedingung.
Worauf muss man achten? Seine Lust nicht vollständig zu unterdrücken. Lustfeindlichkeit ist nicht das Ziel.

Saturn im Zeichen Waage – Über die Liebe herrschen

Saturnstärken Gerechtigkeitssinn, Ausgewogenheit, wahrhaftig lieben können
Saturnschwächen Disharmonie, Unzufriedenheit, Gefühlskälte, Einsamkeit

Die Botschaft Saturns lautet: »Meine Position bedeutet die Aufforderung, nach der ›richtigen, wahren‹ Liebe zu suchen. Ihr muss dein ganzes Sehnen und Streben gelten. Um sie zu finden, wirst du jede Menge Enttäuschungen zu verkraften haben. Denn was du für Liebe hältst – den Rausch der Sinne, überwältigende Gefühle, Herz und Schmerz –, hat vor mir, deinem Saturn, keinen Bestand. In meinen Augen heißt Liebe, dass sich Ich und Du, der eine und der andere, gleichwertig gegenübertreten. Niemand ist kleiner oder größer, gescheiter oder dümmer, wichtiger oder unbedeutender, reifer oder naiver. Das klingt einfach und ganz selbstverständlich, ist es aber nicht. Menschen haben von Natur aus das Bestreben, sich selbst zu verwirklichen, andere hingegen (und dazu zählen auch Partner) hintanzustellen. Darüber hinaus bestehe ich auf Zuverlässigkeit. Vor mir zählt noch das ›eherne‹ Gesetz ›… bis dass der Tod euch scheidet‹.
Es sind gravierende Dinge geschehen (in einem früheren Leben, in der Ahnenreihe), deshalb wache ich, Saturn, jetzt persönlich über die Liebe. Es kam zu unwürdigem Verhalten. Jemand wurde im Stich gelassen. Die Liebe wurde verraten. Herzen wurden gebrochen … Jetzt ›zahlst‹ du dafür. Aber es ist keine Rache oder Strafe. Ich, Saturn, mache mich stark, damit du derlei Fehlverhalten vermeidest. Ich bringe dich auf den Weg.«

Saturn-Check

Wo muss man sich diesem Saturn beugen? Man muss lernen, verbindlich zu sein.

Welche Mittel und Methoden wendet Saturn an? Falsche Liebe, Liebeskummer und Alleinsein drohen.

Worauf muss man achten? Die Liebe nicht restlos zu »vergessen«.

Saturn im Zeichen Skorpion – Über die Vergänglichkeit herrschen

Saturnstärken Tiefe, Zugehörigkeit, Willenskraft, Verbundenheit mit den Ahnen

Saturnschwächen Engstirnigkeit, Fanatismus

Die Botschaft Saturns lautet: »Meine Position verweist auf tragische, leidvolle Erfahrungen. Könntest du dein Leben bzw. das deiner Familie rückwärts abspulen, würden rasch Szenen auftauchen, in denen jemand auf der Flucht, vertrieben, ohne Heimat, ohne Zugehörigkeit ist. Diese Themen beherrschen deine Ahnenreihe weit über deine Großeltern hinaus. Man hat keine richtigen Wurzeln, kein Erbe, das man übernehmen, keine Fußstapfen, in die man treten kann. Wenn man zurückschaut, finden sich Leben ohne Glanz, ohne Würde, ohne Höhepunkt. Daher dränge ich, Saturn, dich mit aller Macht dazu, deinem Leben einen Wert zu verleihen. Denn das Gefühl, dass die eigenen Ahnen ein würdeloses Dasein fristen mussten, formt sich in den Seelen der Nachkommen zu einem großen, mächtigen Anspruch, es besser zu machen, den Gipfel zu ersteigen.

Ich, Saturn im Zeichen Skorpion, veranlasse dich, die dünnen Fäden aus deiner Vergangenheit aufzuspüren und im Laufe deines Lebens ein Netz daraus zu knüpfen – um so wieder einen Halt zu finden. In der Weise, wie du dich umdrehst und vor der Vergangenheit verneigst, bekommst du eine Verbindung zu deinen Vorfahren sowie der eigenen Vergangenheit und erhältst Kraft und Wissen. Das ist der ›Dank der Ahnen‹. Wenn du dich ihrer annimmst, erfährst du ihren Schutz und bist nie mehr allein im Leben. Hinter dir steht die Kraft der Vergangenheit.«

Saturn-Check

Wo muss man sich diesem Saturn beugen? Sich vor der Vergangenheit verbeugen.

Welche Mittel und Methoden wendet Saturn an? Man muss hohe Ansprüche an sich selbst und sein Leben stellen.

Worauf muss man achten? Nicht in der Vergangenheit zu »ertrinken«, Gegenwart und Zukunft nicht aus den Augen zu verlieren.

Saturn im Zeichen Schütze – Über Wahrheit und Wissen herrschen

Saturnstärken Pioniergeist, Mut, Weisheit, Stärke, Wahrhaftigkeit

Saturnschwächen Dünkel, Zynismus, Grausamkeit

Die Botschaft Saturns lautet: »Dein Leben ist eine Reise zu dir selbst. Du musst dir deinen eigenen Weg suchen! Lass dich nicht von anderen beeinflussen. Hör nur auf dich! Diese starke Hinwendung zu dir selbst ist verbunden mit einer Abkehr von deinem Umfeld und beruht auf einer Reihe großer Enttäuschungen in der Vergangenheit (der eigenen bzw. der Ahnen), bei denen der Glauben an andere Menschen verloren gegangen ist: Vielleicht hat ein Arzt versagt, es ist ihm ein Fehler unterlaufen, oder er hat sich zu wenig Mühe gegeben. Vielleicht wurdest du oder jemand aus deiner Familie in seinem Glauben zutiefst erschüttert, weil ›Gott‹ ein schreckliches Geschehen zuließ, einem nicht beistand. Es gehört auch zur Vergangenheit von Menschen mit dieser Saturnposition, dass sie – um zu überleben – ihrem Glauben abschwören mussten. Jedenfalls bestand am Anfang eine große Hoffnung, die schließlich in eine große Enttäuschung mündete.

Mit mir, Saturn im Zeichen Schütze, hast du einen Vertrauten an deiner Seite, einen, der hilft, derartige Enttäuschungen zu vermeiden. Mit mir bist du von vornherein skeptisch. Du kommst bereits mit Misstrauen auf die Welt, und im Laufe der Jahre gewöhnst du dich immer stärker daran, alles in Frage zu stellen. Du wirst ein Mensch, der zwischen Illusion und Wahrheit genau unterscheiden kann. Du wirst weise.«

Saturn-Check

Wo muss man sich diesem Saturn beugen? Er verlangt Selbstvertrauen.
Welche Mittel und Methoden wendet Saturn an? Er führt einen durch Enttäuschungen, Fehlschläge und Irrwege.
Worauf muss man achten? Kein grundsätzliches Misstrauen zu entwickeln, nicht gänzlich an der Welt zu verzweifeln.

Saturn im Zeichen Steinbock – Über sich und andere herrschen

Saturnstärken Klarheit, Standhaftigkeit, Verantwortlichkeit, Führungskompetenz, Selbstbeherrschung
Saturnschwächen Kälte, Rücksichtslosigkeit, Einsamkeit

Die Botschaft Saturns lautet: »Du besitzt einen besonders mächtigen Saturn. Das kommt daher, dass ich der regierende Planet des Tierkreiszeichens Steinbock bin. Ich bin hier zu Hause und kann mich gut entfalten. Meine Kraft verdoppelt sich im Steinbockzeichen. Auf der einen Seite führt dies dazu, dass du kontinuierlich an einer Lebensaufgabe arbeitest. Sie lautet: Du sollst etwas Großes vollbringen!
Auf der anderen Seite führt diese doppelte Saturnkontrolle dazu, sich selbst und vor allem seinen Gefühlen zu misstrauen.
Dies hat seine Wurzeln in der Vergangenheit (in einem früheren Leben, im Leben der Ahnen), in der du bzw. deine Vorfahren ausgenutzt, manipuliert oder sogar missbraucht wurden. Zu denken ist auch an eine Verführung oder einen gewalttätigen Missbrauch von Kindern, wohl die verwerflichste Untat. Irgendetwas in dieser

Art muss Ursache dafür sein, dass du dir heute selbst nicht mehr vertraust. Für dich sind Menschen gefährlich, unberechenbar, zu allem fähig.
In der Weise, wie du älter wirst und erfährst, dass das Leben, du und die anderen berechenbar sind, wirst du neues Vertrauen schöpfen. Du wirst neue Gefühle entdecken, solche, die weniger aus dem Bauch, sondern aus dem Herzen kommen. Du wirst lieben, mit anderen Menschen zusammen sein, aber auch allein sein können. Du wirst unabhängig, selbständig, und dein Leben wird getragen von Stimmigkeit und Zufriedenheit. Jetzt obliegt dir auch, andere zu führen. Denn du wirst sie nicht ›verkrüppeln‹ und ›züchtigen‹, sondern zu Weisheit und Liebe führen.«

Saturn-Check
Wo muss man sich diesem Saturn beugen? Man muss lernen, Herr seiner selbst zu sein.
Welche Mittel und Methoden wendet Saturn an? Angst, Vorsicht, Enttäuschung.
Worauf muss man achten? Kein Einsiedler und kein Menschenfeind zu werden.

Saturn im Zeichen Wassermann – Über das Chaos herrschen

Saturnstärken Individualität, Erfindungsgabe, Menschlichkeit
Saturnschwächen Chaotisch, verwirrt und verrückt sein, Hochstapelei

Die Botschaft Saturns lautet: »Du suchst etwas besonders Wertvolles im Leben, nämlich Individualität. Einzigartigkeit ist kostbar. Zwar sagt man leicht dahin, jemand sei ein Individuum. Aber das ist hier nicht im formellen Sinne gemeint. Ein wirkliches Individuum besitzt einen eigenen Charakter, etwas Besonderes und Einmaliges. Dadurch unterscheidet sich der Einzelne von allen anderen Menschen, vergleichbar einem als Solitär dastehenden

Baum in einer Landschaft. Dieser Wunsch nach Einmaligkeit ist uralt. Du trägst ihn schon lange mit dir herum (viele Leben, durch Generationen hindurch). Du bist aus der Gesellschaft ausgebrochen, hast deine Familie verlassen – immer auf der Suche nach Freiheit, nach Individualität. Du hast Menschen mit anderem Glauben, aus anderen Ländern und aus anderen sozialen Schichten geliebt. Kinder kamen, noch bevor ein längeres Zusammenleben überhaupt zur Diskussion stand. Du selbst entstammst letztlich einer derartigen ›Augenblicksverbindung‹. Du verdankst dein Dasein einem sogenannten Zufall, einer Laune des Schicksals sowie der Spontaneität und Freiheit deiner Vergangenheit.
Aber du warst auch blind und unwissend und erlebtest daher grandiose Irrungen und Verwirrungen. Du erlittest die große Angst vor dem Chaos, vor einem Sein ohne Ordnung und Sicherheit. Du wurdest ausgestoßen und verbannt, verjagt und geächtet. – Jetzt begleitet dich Saturn. Mit mir wirst du dein freies Leben fortführen und dich dabei immer sicherer am Chaos vorbeimanövrieren.«

Saturn-Check

Wo muss man sich diesem Saturn beugen? Man muss lernen, seine Individualität zu leben, ohne im Chaos unterzugehen.
Welche Mittel und Methoden wendet Saturn an? Reinfall, Bruchlandung und Fehlentscheidung.
Worauf muss man achten? Dass man den Kontakt zu anderen Menschen nicht verliert.

Saturn im Zeichen Fische – Sein Mitgefühl beherrschen

Saturnstärken Toleranz, Opferbereitschaft, Weitblick, Visionen
Saturnschwächen Ich-Schwäche, Isolation, Selbstzweifel

Die Botschaft Saturns lautet: »Wie im Märchen wird dir aufgetragen, dich auf eine Reise zu begeben. Wohin? Vielleicht zum Ende des goldenen Regenbogens. Ans Ende der Welt. Oder nirgendwohin. Mit mir, Saturn im Zeichen Fische, ist dir ein Geheimnis in die Wiege gelegt. Aber mehr weiß man nicht. Das Geheimnis hat damit zu tun, dass in deiner Vergangenheit (in einem früheren Leben, in deiner Ahnenreihe) jemand verschwiegen wurde: ein Kind, eine andere Frau, der richtige Vater … Dieses verleugnete, verheimlichte Leben fehlt jetzt deiner Seele, und sie sucht danach, ohne dass du es selbst bewusst wahrnimmst.

Dir ist infolgedessen ein besonderes ›Organ‹ für Unrecht und Lüge gegeben. Wo immer in dieser Welt Unrecht geschieht, leidest du mit. Jedes Leid ziehst du regelrecht an. Aber das hat auch fatale Folgen für die Liebe. Du neigst dazu, dir einen Partner zu suchen, der ganz besonders der Zuwendung bedarf, weil er unglücklich ist. Dann kannst du ihm – so meinst du zumindest – all das angedeihen lassen, was in der Vergangenheit nicht geschehen ist: grenzenlose Liebe. Du nimmst ihn an. Du bist für ihn da. Du verstößt ihn nicht.

Aber das ist der falsche Weg. Du musst mit der Vergangenheit fertigwerden und sie nicht ständig vor dir hertragen. So wiederholst du nur dein Karma. Du brauchst nicht aufzuhören, andere zu lieben. Aber du darfst das rechte Maß nicht aus den Augen verlieren.«

Saturn-Check

Wo muss man sich diesem Saturn beugen? Man muss sich mit seiner Vergangenheit auseinandersetzen.

Welche Mittel und Methoden wendet Saturn an? Desillusionierung und Enttäuschung.

Worauf muss man achten? Die Vergangenheit nicht endlos zu wiederholen.

Zum Schluss

Seit nunmehr über dreißig Jahren beschäftige ich mich mit Astrologie. In dieser Zeit entstanden über sechzig Bücher zu diesem Thema. In zahlreichen Journalen und Zeitungen finden sich regelmäßig wöchentliche, teilweise sogar tägliche astrologische Beiträge von mir. In Einzelsitzungen, Seminaren, Aus- oder Weiterbildungen bin ich in meiner Tätigkeit als Astrologe einigen tausend Menschen begegnet.

Bei der ausgiebigen und intensiven Beschäftigung mit der Astrologie war mir immer daran gelegen, mich diesem geheimnisvollen »Kult« auf verschiedenen Ebenen zu nähern: auf einer leichten, unterhaltsamen in manchen journalistischen Beiträgen und auf einer ernsthaften, in die Tiefe führenden in meinen Büchern. Die populäre, eher spielerische Variante, wie sie Zeitungen oder Zeitschriften präsentieren, rückt die astrologischen Gegebenheiten ins Bewusstsein der Leser, macht neugierig und bewegt den einen oder anderen dazu, sich näher damit zu befassen. Die Astrologie scheint ohnehin eine ausgesprochen volkstümliche Komponente zu haben. Ich bin immer wieder erstaunt, dass eigentlich jeder, egal, ob er sich mit ihr beschäftigt hat oder nicht, gleich mitreden kann. Er »weiß« etwas über den Widder, den Stier, den Zwilling oder die Jungfrau. Ich bin überzeugt, dass es diese Nähe zum Alltag und Normalen ist, die die Astrologie letztendlich unverwüstlich gemacht hat.

Ich habe Psychologie studiert und war zehn Jahre lang als Psychotherapeut aktiv. Mein Wechsel zur Astrologie geschah langsam und voller Skepsis. Wie jeder denkende Mensch ist auch mir ein Zusammenspiel von kosmischen Bewegungen und menschlichem Sein nahezu unvorstellbar. Aber ich wurde immer wieder eines Besseren belehrt: Es existieren Parallelen respektive Analogien zwischen »oben« und »unten«. Doch diese Verbindung ist nicht fest oder mechanisch. Es gibt Widersprüche, Ausnahmen, Irrungen und Verwirrungen. Jeder, der sich tiefer mit der Astrologie beschäftigt, betritt früher oder später einen Raum, der voller

Wunder, aber auch voller Rätsel ist. Aus einem Horoskop lassen sich unglaubliche Schlussfolgerungen ziehen, die zum Beispiel einem Psychologen – wenn überhaupt – erst nach langen Explorationen zugänglich werden. Ein Horoskop beleuchtet das Wesen eines Menschen, offenbart seine Herkunft, seine Stellung in der Welt und seine Zukunft. Dennoch steht man auch immer wieder vor Abweichungen und Ausnahmen.

»Astra inclinant, non necessitant«, zu Deutsch: »Die Sterne machen geneigt, doch sie zwingen nicht.« Dieses berühmte und beflügelnde Zitat, das Thomas von Aquin (1225–1274) zugeschrieben wird, hat mich immer bei meiner Arbeit begleitet. Heute würde ich es sogar folgendermaßen umformulieren: »Die Sterne lösen Rätsel und decken Geheimnisse auf. Aber sie schaffen auch viele neue …«